MATTHIAS F. MANGOLD

DAS ERSTE KOCH-BUCH

VERSTEHEN WIE'S GEHT –
UND DANN EINFACH LOSLEGEN.

INHALT

DAS PRINZIP

DIE WICHTIGSTEN KOCHPRINZIPIEN

→ GRUNDREZEPT → KAPIERT → VARIIERT →

LOOK & COOK!

PRINZIP VERSTANDEN, SELBER HANDELN

DAS PRINZIP DES BUCHS

→ **WAS BRAUCHT'S** → **GRUNDREZEPT** → **KREATIV LABOR**

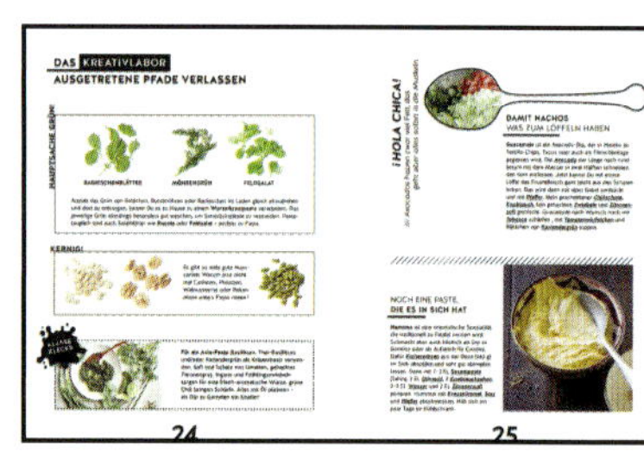

IN DER HAUPTROLLE: Jeder, der sich mutig an den Herd stellt. Also auch Du – und besonders dann, wenn es das erste Mal ist und Du oft meinst, nicht mal das simpelste Gericht hinzukriegen. Good news: Yes, you can! Wir zeigen Dir, wie's geht. Wir lassen den Schnickschnack weg und konzentrieren uns aufs Wesentliche. Bei jedem Grundrezept wird erst mal das dahinterliegende Prinzip erklärt, damit klar wird, um was es eigentlich geht. Danach folgt als Rezeptbeispiel ein wirklich einfacher (aber leckerer) Prototyp, an dem Du das Prinzip testen kannst. Und wenn Du das kapiert hast, geht's schnurstracks rein ins Kreativlabor – da wird ausprobiert, selbst variiert, hier genießt Du Freiheiten, kannst Dich austoben und auch mal Gäste überraschen oder beeindrucken. Fang locker an und entdecke, dass Kochen an sich ein Klacks ist. Die Kunst fängt erst da an, wo Du Dich sicher fühlst. Und genau da wollen wir Dich hinführen.

UND JETZT GEHT'S LOS -

natürlich mit einem perfekten Spiegelei! Nicht in Öl, sondern in Butter braten. Und auch nicht brandheiß, sondern eher moderat. Mit bisserl Salz, schwarzem (!) Pfeffer und etwas Paprikapulver. Gerade so, dass das Eigelb ein wenig stockt, aber noch nicht fest ist und beim Anschneiden leicht ausläuft. Ideal fürs Aufsaugen mit dem Brötchen.

»KANNST DU KOCHEN?«
»IST DAS DIESES UMRÜHREN?«

MAC H MAL KOC HEN!

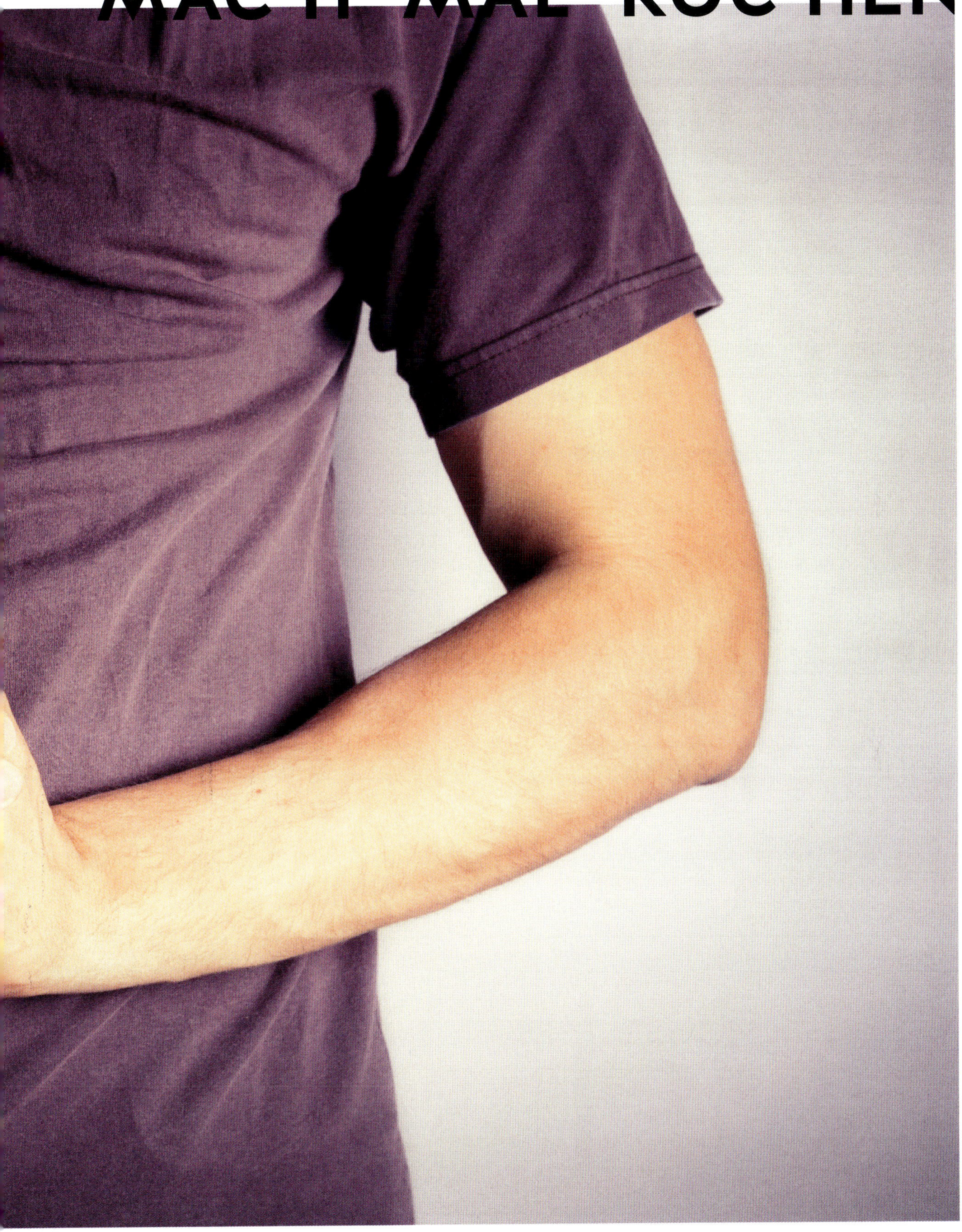

WISSENSWÜRZE

HACKS FÜR FOODIES

ZWIEBEL WÜRFELN

PAPRIKASCHOTE PUTZEN

TOMATE HÄUTEN

TOMATE WÜRFELN

INGWER ZERKLEINERN

STAUDENSELLERIE PUTZEN

SCHNIPP,
SCHNAPP,
SCHNUPP!

BROKKOLI PUTZEN

PAK CHOI PUTZEN

ZUCKERSCHOTEN UND BOHNEN

HOKKAIDOKÜRBIS PUTZEN

LAUCHSTANGE PUTZEN

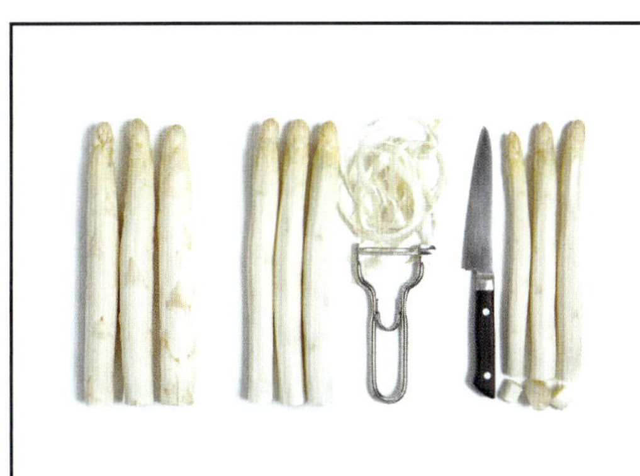

SPARGEL SCHÄLEN

WISSENSWÜRZE

HACKS FÜR FOODIES

KNOLLENSELLERIE PUTZEN

CHAMPIGNONS PUTZEN

ROSMARIN SCHNEIDEN

KORIANDERGRÜN SCHNEIDEN

CHILISCHOTE PUTZEN

MÖHRE IN JULIENNESTREIFEN

HER MIT DEM SCHARFEN MESSER!

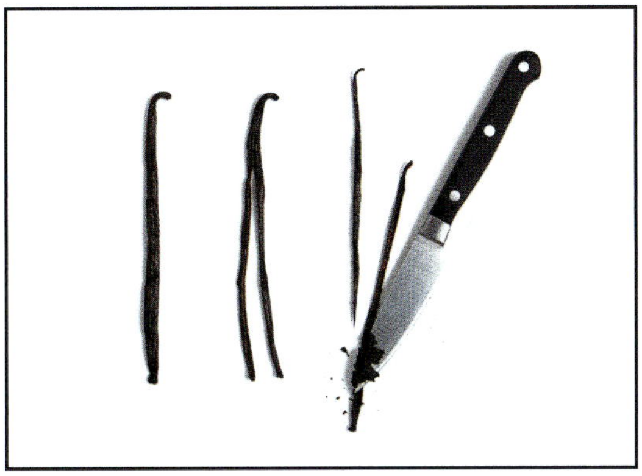

VANILLEMARK HERAUSKRATZEN

ANANAS ZERLEGEN

SPECK WÜRFELN

FLEISCH SCHNETZELN

SCHNITZEL DÜNNER KLOPFEN

SCHNITZEL PANIEREN

BIS DAHIN ALLES KLAR?

DAS PRINZIP SALATDRESSING

/// Salat ohne Sauce schmeckt langweilig. Erst mit Dressing wird es interessant, es umhüllt das frische Grün, »zieht es an«, wie der Name schon sagt.

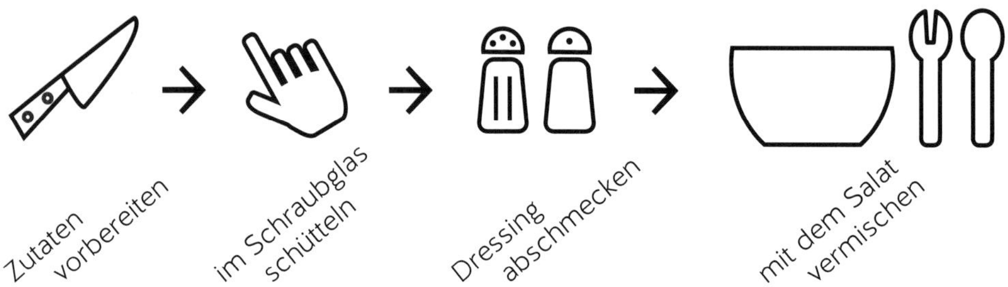

DER PROTOTYP VINAIGRETTE: Das traditionelle Dressing aus der französischen Küche wird immer mit »vinaigre«, »Essig«, und mit Öl zubereitet. So verpasst es Blatt- und Gemüsesalaten frische Säure und feine Würze – einfach und auf leichte Art!

SELBST GEMACHT IST SCHNELL GEMACHT: Essig, Öl und Würzzutaten einfach in ein Schraubglas geben und kräftig schütteln – schon fertig! So kannst Du auch gleich ein paar Portionen auf Vorrat mischen, immer mit gut verschlossenem Deckel, versteht sich. Anfangs die Zutaten besser noch abmessen, später dann einfach »freihändig« mischen. Es heißt, man solle bei einer Vinaigrette mit dem Essig geizig und mit dem Öl verschwenderisch umgehen. Das stimmt, doch Ausgewogenheit ist wichtig. Nimm am besten zwei Teile Öl und einen Teil Essig als Maß – das passt in der Regel ganz gut.

IN DER HAUPTROLLE:

Bei der Vinaigrette Essig und Öl. Welches Öl Du verwendest, ist Geschmackssache. Reines Pflanzenöl ist eher neutral, Olivenöl intensiver und manchmal auch typisch bitter, aromatische Öle wie Walnuss- oder Traubenkernöl geben eine geschmackliche Richtung stark vor. Beim Essig bitte wirklich feinen Essig nehmen, keine Essig-Essenz. Rotweinessig oder auch Balsamico färben das Dressing dunkel. Und es gibt eine Grundregel: Wo Essig, da auch Zucker. Also immer noch 1 Prise Zucker zu einer Vinaigrette geben.

SALATSAUCENDELTA AUS 10.000 METERN HÖHE

DER PROTOTYP VINAIGRETTE

4 PORTIONEN
5 MIN. ZUBEREITUNG
140 KCAL (PORTION)

1

1 Schalotte schälen und in kleine Würfel schneiden. **1 Knoblauchzehe** schälen und sehr fein hacken.

2

2 EL Weinessig, 6 EL Öl, ½ TL grobkörnigen Senf, Salz, Pfeffer und **1 Prise Zucker** mit den Schalottenwürfeln und dem Knoblauch in ein Schraubglas füllen. Glas verschließen und gut schütteln.

3

Kurz vor dem Servieren die Vinaigrette nochmals schütteln, abschmecken und mit den geputzten und gewaschenen Salatblättern mischen. Nun den Salat gleich servieren, sonst macht er schlapp.

ZUTATEN

- 1 Schalotte
- 1 Knoblauchzehe
- 2 EL Weinessig
- 6 EL Öl
- ½ TL grobkörniger Senf
- Salz, Pfeffer
- 1 Prise Zucker

DAS KREATIVLABOR

LASS DICH ANMACHEN ...

BRINGT PFIFF REIN

SCHALOTTEN

EIER

KAPERN

Unsere Vinaigrette kann ganz leicht beliebig variiert werden, etwa mit **Kräutern**, fein gehackten **Schalotten**, hart gekochten **Eiern**, fein gewürfelten **Tomaten**, **Kapern** – ganz nach Deinem Geschmack. Sie passt perfekt zu allen grünen oder roten Blattsalaten.

ESSIG & ÖL

Bei den Essig- und Ölsorten zu variieren, ist eine gute Idee. Aber bitte darauf achten, dass keine geschmackliche »Konkurrenz« entsteht. Als Faustregel gilt: neutrales Öl zu kräftigem Essig und andersherum.

MIT MINZE

Fruchtig und frisch ist ein **Joghurt-Orangen-Dressing**. Hierfür einfach 150 g ***Joghurt*** mit 2 EL ***Orangensaft***, 1 EL ***Zitronensaft***, 2 EL ***Öl*** und frisch gehackten ***Minzeblättchen*** verrühren und mit ***Salz***, ***Pfeffer*** und ***Chili-*** oder scharfem ***Paprikapulver*** würzen.

DRESSCODE

/// Hier kommst Du nicht rein nur mit Essig & Öl – Fantasie gefragt!

MOLLIGE VARIANTEN

Beim **French Dressing** kommen noch 1–2 frische Eigelb, 1–2 TL Zucker und 80 ml Gemüsefond zur Vinaigrette dazu, Du kannst auch den Senfanteil erhöhen. Am besten die Eigelbe und die übrigen Zutaten mit dem Pürierstab oder Schneebesen verrühren. Dieses Dressing eignet sich sehr gut für Salate mit leichten Bitterstoffen, also z. B. Radicchio oder Chicorée. Da rohes Eigelb drinsteckt, muss es gleich verbraucht werden. Amerikaner mögen das **Thousand Island Dressing**. Basiszutat ist hier Mayonnaise, die mit Paprikapulver, Essig und Chilisauce sowie fein gehackter roter und grüner Paprikaschote vermischt und abgeschmeckt wird. Nach Geschmack noch Ketchup oder Tomatenmark, Zwiebelwürfel und hart gekochte Eier unter das Dressing rühren. Auch lecker als Dip.

PARTYHITS : ERST MAL ZIEHEN LASSEN!

Auch **Kartoffel- und Nudelsalat** lassen sich gern von Vinaigrette anmachen. Für ein cremiges Salatdressing weniger Öl verwenden, stattdessen Mayonnaise und/oder saure Sahne unterrühren. Vinaigrette oder Dressing gut unter die Kartoffelscheiben oder Nudeln mischen und den Salat – ganz wichtig! – nach einer kurzen Ruhezeit noch mal abschmecken. Du wirst dann garantiert feststellen, dass sowohl Salz als auch Säure (also Essig oder Zitrone) nachgewürzt werden müssen. Denn Kartoffeln und Nudeln schlucken das weg wie nix.

DAS PRINZIP PESTO

/// Kräuter und Gemüse in cremige Paste verwandeln – hausgemachtes Pesto ist einfach unschlagbar für Nudelgerichte, zum Dippen, als Brotaufstrich.

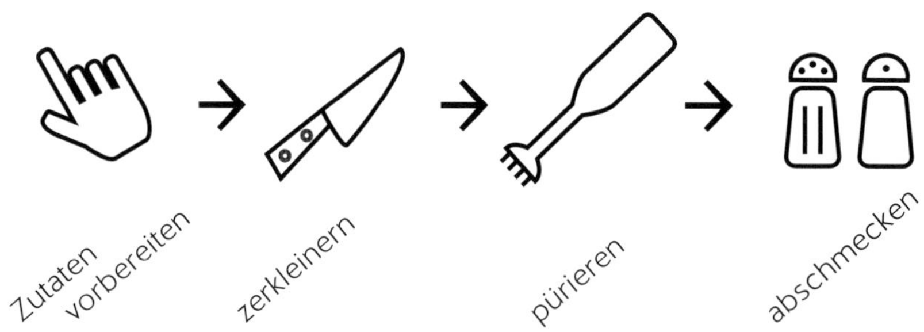

DER PROTOTYP PESTO GENOVESE: Der Basilikum-Klassiker aus Genua ist die perfekte »Eigentlich-habe-ich-heute-überhaupt-keine-Lust-mich-in-die-Küche-zu-stellen-und-zu-kochen«-Zutat. Und selbst gemacht schmeckt's natürlich doppelt gut.

AM BESTEN GLEICH EINE GROSSE PORTION ZUBEREITEN. Denn Pesto lässt sich problemlos einfrieren. Traditionell werden die Zutaten mühsam im Mörser zerstampft. Wir wählen die schnellere Methode mit Mixer oder Pürierstab. Denn auch so lässt sich tadelloses Pesto machen. Röste die Pinienkerne nur ganz leicht an, bis sie sich warm anfühlen. Es sollen lediglich die ätherischen Öle herausgelockt werden. Bräunen dürfen sie nicht, sonst werden sie bitter. Fürs Servieren als Pastasauce eine Portion Pesto einfach mit etwas heißem Nudelkochwasser anrühren, unter frisch gekochte Lieblingspasta mischen.

IN DER HAUPTROLLE:

Pinienkerne, Parmesan, Knoblauch, Olivenöl – fürs echte Pesto genovese sind sie alle elementar und gleichberechtigt. Der Star aber ist üppiges, würzig duftendes Basilikum im Sommer, am besten frisch geerntet. Das Aroma von winterlichen Treibhausblättchen ist dagegen chancenlos. Beim Öl auf Qualität achten! Fürs Pesto sollte es hochwertiges Olivenöl sein, eher mild als zu würzig. Denn oft haben die verwendeten Kräuter genügend Aroma. Parmesan bringt Schmackes, Cremigkeit und eine gewisse Salzigkeit.

»PESTO« LEITET SICH VOM ITALIENISCHEN »PESTARE« AB, WAS »ZERSTAMPFEN« BEDEUTET …

DER PROTOTYP
PESTO GENOVESE

4 PORTIONEN
15 MIN. ZUBEREITUNG
165 KCAL (PORTION)

1

Von **1 Topf Basilikum** die Blätter mit den zarten Stängeln abschneiden.

1 Knoblauchzehe schälen und hacken.

2 EL Pinienkerne in einer Pfanne ohne Fett ganz leicht anrösten.

2

Salz

3 EL Parmesan

4–5 EL Olivenöl

Basilikum, Knoblauch und Pinienkerne mit Salz, dem Parmesan und 4 EL Olivenöl in einem hohen Becher mit dem Pürierstab oder im Mixer pürieren, bis eine homogene Paste entsteht. Falls nötig, mehr Öl untermixen.

3

Das Pesto abschmecken, evtl. noch mit **Salz** nachwürzen. Dann entweder sofort mit frisch gekochter Pasta und etwas Nudelwasser mischen. Oder zum Aufheben zugedeckt kühl stellen.

ZUTATEN

- _1 Topf Basilikum_
- _1 Knoblauchzehe_
- _2 EL Pinienkerne_
- _Salz_
- _3 EL frisch geriebener Parmesan_
- _4–5 EL Olivenöl_

DAS KREATIVLABOR
AUSGETRETENE PFADE VERLASSEN

HAUPTSACHE GRÜN!

RADIESCHENBLÄTTER

MÖHRENGRÜN

FELDSALAT

Anstatt das Grün von Rettichen, Bundmöhren oder Radieschen im Laden gleich abzudrehen und dort zu entsorgen, kannst Du es zu Hause zu einem **Wurzelkrautpesto** verarbeiten. Das jeweilige Grün allerdings besonders gut waschen, um Sandrückstände zu vermeiden. Pesto-tauglich sind auch Salatblätter wie **Rucola** oder **Feldsalat** – prima zu Pasta.

KERNIG!

Es gibt so viele gute Nusssorten: Warum also nicht mal Cashews, Pistazien, Walnusskerne oder Pekannüsse unters Pesto mixen?

KLASSE KLECKS

Für ein Asia-Pesto Basilikum, Thai-Basilikum und/oder Koriandergrün als Kräuterbasis verwenden. Saft und Schale von Limetten, gehacktes Zitronengras, Ingwer und Frühlingszwiebeln sorgen für eine frisch-aromatische Würze, grüne Chili bringen Schärfe. Alles mit Öl pürieren – als Dip zu Garnelen ein Knaller!

¡HOLA CHICA!

/// Avocados haben zwar viel Fett, das geht aber alles sofort in die Muskeln.

DAMIT NACHOS
WAS ZUM LÖFFELN HABEN

Guacamole ist ein Avocado-Dip, der in Mexiko zu Tortilla-Chips, Tacos oder auch als Fleischbeilage gegessen wird. Die ***Avocado*** der Länge nach rundherum mit dem Messer in zwei Hälften schneiden, den Kern entfernen. Jetzt kannst Du mit einem Löffel das Fruchtfleisch ganz leicht aus den Schalen heben. Das wird dann mit einer Gabel zerdrückt und mit ***Pfeffer***, klein geschnittener ***Chilischote***, ***Knoblauch***, fein gehackten ***Zwiebeln*** und ***Zitronensaft*** gemischt. Guacamole nach Wunsch noch mit ***Tabasco*** schärfen , mit ***Tomatenwürfelchen*** und Blättchen von ***Koriandergrün*** toppen.

NOCH EINE PASTE,
DIE ES IN SICH HAT

Hummus ist eine orientalische Spezialität, die traditionell zu Falafel serviert wird. Schmeckt aber auch köstlich als Dip zu Gemüse oder als Aufstrich für Crostini. ***Kichererbsen*** aus der Dose (ca. 240 g) im Sieb abspülen und sehr gut abtropfen lassen. Dann mit 2–3 EL ***Sesampaste*** (Tahin), 3 EL ***Olivenöl***, 2 ***Knoblauchzehen***, 2–3 EL ***Wasser*** und 2 EL ***Zitronensaft*** pürieren. Hummus mit ***Kreuzkümmel***, ***Salz*** und ***Pfeffer*** abschmecken. Hält sich ein paar Tage im Kühlschrank.

GEMÜSE-ANTIPASTI

/// Gemüse braten, marinieren oder mal knusprig ausbacken – eine leichte Vorspeise, die allen schmeckt.

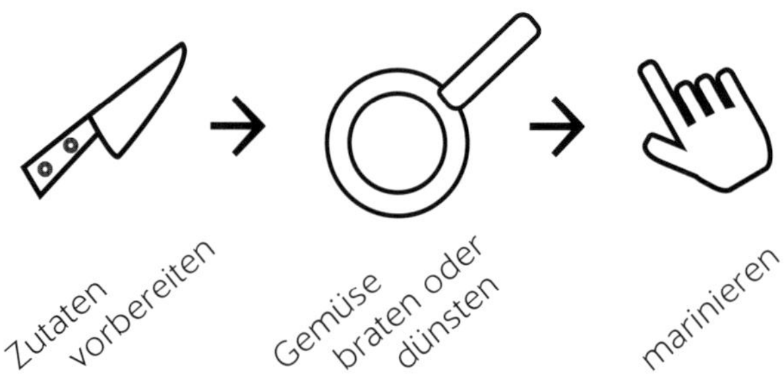

DER PROTOTYP MARINIERTE GEMÜSE: Paprika, Auberginen und Zucchini – diese mediterranen Gemüsesorten sind die Klassiker auf dem Antipasti-Teller und lassen sich wunderbar vorbereiten.

GEMÜSE NICHT ZU WEICH BRATEN, da sie beim Abkühlen noch etwas weitergaren. In der Konsistenz unterschiedliche Gemüsesorten getrennt voneinander braten – Möhren brauchen z. B. länger als zarte Zucchini. Geschälte Paprika sind bekömmlicher als ungeschälte. Entweder mit dem Sparschäler rangehen oder die halbierten, geputzten Schoten im Ofen bei 180° backen, bis die Haut Blasen wirft. Schoten herausnehmen, mit einem feuchten Tuch bedecken – nach ein paar Minuten lässt sich die Haut leicht abziehen. Auberginenscheiben vor dem Anbraten salzen, um Wasser und Bitterstoffe herauszuziehen.

IN DER HAUPTROLLE:

Beim Gemüsekauf immer dem saisonalen Angebot folgen, dann ist Frische quasi garantiert und ein guter Preis ebenfalls. Während es in der kühleren Jahreszeit eher die Wurzelgemüse sind, steht im Sommer die große, bunte mediterrane Auswahl zur Verfügung. Und sonnengereiftes Freilandgemüse steckt meist voller Aroma.
Bei Auberginen oder Zucchini eher kleinere Exemplare wählen – in den großen Exemplaren ist viel Wasser eingelagert. Und das macht den Geschmack weniger intensiv.

FARBE UND FORMEN MISCHEN: GRÜN, GELB, RUND, LÄNGLICH, OVAL …

DER PROTOTYP

MARINIERTE GEMÜSE

4 PORTIONEN
45 MIN. ZUBEREITUNG
190 KCAL (PORTION)

1

300 g Auberginen waschen, putzen und in Scheiben schneiden. Auf Küchenpapier legen.

Auberginenscheiben auf beiden Seiten mit **Salz** bestreuen, nach 15 Min. trocken tupfen.

Inzwischen je **250 g gelbe und rote Paprikaschoten** halbieren, putzen, waschen und in Streifen schneiden, diese nach Wunsch noch halbieren.

300 g Zucchini waschen, putzen und in Scheiben schneiden.

2

2 EL Olivenöl

braten

3 Zweige Thymian

Das Öl in einer großen Pfanne erhitzen und darin nacheinander bei mittlerer Hitze in jeweils 5–7 Min. Paprika, Zucchini und Auberginen anbraten, bis die Gemüse glänzen und stellenweise braun sind. Fertig angebratene Gemüse nebeneinander auf eine Servierplatte legen. Die Thymianzweige waschen. Die Blättchen abstreifen und über das Gemüse streuen.

3

4 EL Olivenöl

3–4 EL Zitronensaft

Salz & Pfeffer

Restliches Olivenöl mit Zitronensaft, Salz und Pfeffer zu einem Dressing verrühren oder in ein Schraubglas geben. Glas verschließen und gut schütteln. Das Dressing gleichmäßig über das gebratene Gemüse träufeln. Am besten alles vor dem Servieren etwas durchziehen lassen.

ZUTATEN

- *300 g Auberginen*
- *je 250 g rote und gelbe Paprikaschoten*
- *300 g Zucchini*
- *6 EL Olivenöl*
- *3 Zweige Thymian*
- *3–4 EL Zitronensaft*
- *Salz, Pfeffer*

DAS KREATIVLABOR

UND NOCH MEHR FRISCHE IDEEN

DER SAISON FOLGEND

FRÜHLINGSFRISCH

HERBSTLICH

EXOTISCH

Auch andere Gemüsesorten eignen sich gut zum Marinieren: **Frühlingszwiebeln** putzen, ca. 1 Min. in sprudelnd kochendem Wasser vorgaren, in ein Sieb abgießen, kalt abschrecken und abtropfen lassen. Dann kurz in Olivenöl braten und auf einer Platte anrichten. Gut passt hier eine Vinaigrette (Rezept Seite 16), gemischt mit fein gehackten Tomatenwürfeln, darüber Pinienkerne und Streifen von getrockneten Tomaten. Blattgemüse wie **Mangold** oder **Pak-Choi** grob zerteilen, dann ebenso zubereiten – also vorkochen, braten und marinieren.

STANGENSLALOM MIT SCHMACKES

Festere Gemüsesorten wie **Möhren** oder **grüner Spargel** putzen und schälen (beim grünen Spargel reicht es, die Stangen im unteren Drittel zu schälen und holzige Enden abzuschneiden). Gemüse nach Wunsch zerteilen, Möhren zum Beispiel längs halbieren, und knapp bissfest in Olivenöl anbraten. Gemüse noch warm mit einer Vinaigrette oder Zitronensaft-Marinade begießen und durchziehen lassen.

HOCHSTAPLER

Marinierte Gemüse mal als Türmchen aufschichten und evtl. noch mit einem eher dünnflüssigen Kräuterpesto oder einem Basilikum-dressing überziehen. Die Kombination von Aubergine, Zucchini, Mozzarella und Tomate ist dann auch optisch ein Hingucker.

G'SUND!

/// Entdecke Fenchel neu – Du wirst verwundert sein!

SOMMERFRISCHE! IDEALE KOMBINATION

Für einen **Fenchel-Orangen-Salat** Orangen großzügig schälen (auch das Weiße muss weg, da stecken die Bitterstoffe drin!), dann die Filets aus den Trennhäutchen schneiden. Dünn gehobelte oder geschnittene Fenchelknolle und Frühlingszwiebeln in feinen Ringen und gewürfelte rote Zwiebeln dazugeben. Mit einem Dressing aus Orangensaft, Senf, Essig und Olivenöl beträufeln und alles vorsichtig vermischen. Durchziehen lassen und den Salat mit zerbröseltem Schafskäse und Minzeblättern anrichten.

DA BLÜHT DIR WAS FEINES!

Für **ausgebackene Zucchiniblüten** einen Teig aus 100 g ***Mehl***, ***Salz***, 1 ***Eigelb***, 1 EL ***Öl*** und 100 ml ***Wein*** anrühren. Etwas ***Parmesan*** untermischen. Den Teig 30 Min. quellen lassen, dann 1 steif geschlagenes ***Eiweiß*** unterheben. Die Blüten werden vorsichtig durch den Teig gezogen und in heißem Öl goldbraun frittiert. Geht natürlich auch mit anderen essbaren Blüten, etwa von Brunnenkresse, Holunder, Ringelblumen, Löwenzahn ...

DAS PRINZIP

CROSTINI!

/// Kleine oder große geröstete Brotscheiben mit würzigem Aufstrich – prima als Auftakt für ein Essen mit Freunden oder als Snack zwischendurch.

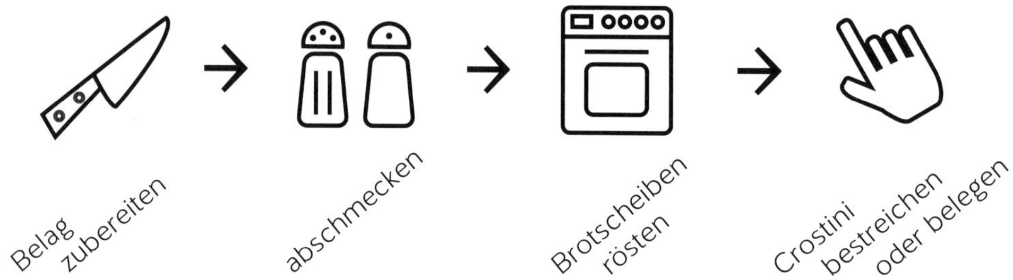

DER PROTOTYP BRUSCHETTA: In der schlichtesten Art werden die knusprigen kleinen Brote nur mit Knoblauch und Olivenöl zubereitet, hier kommt noch Tomate dazu – eines der beliebtesten Antipasti in Italien und ganz einfach gut!

DIE VORSCHRIFT IST, DASS ES KEINE VORSCHRIFTEN GIBT: Warme knusprige Brotscheiben werden gewürzt oder pikant belegt und als Leckerbissen zum Aperitif serviert. Als Belag kommt vieles infrage: Schinken, Gemüse, Fisch, Meeresfrüchte, Innereien – anything goes! Aber: Nicht die Menge der Auflage zählt, sondern deren Geschmack. Die Häppchen sollten von der Größe her stets so angelegt sein, dass sie mit maximal zwei Bissen verputzt sind. Für die Deko Kräuterblättchen fein hacken und drüberstreuen oder Obst oder Gemüse in Mini-Würfel oder Streifchen schneiden und die Crostini damit garnieren.

IN DER HAUPTROLLE:

Brot, Ciabatta oder Baguette, optimal ist ein italienisches Weißbrot oder ein helles Bauernbrot. Das darf dann auch eine schön »resche« Kruste haben fürs Mundgefühl. Ruhig abwechseln in den Sorten! Das Brot in dicke oder dünnere Scheiben schneiden und im Toaster oder im Backofen auf höchster Stufe kurz anrösten. Die Würze zum Bestreichen muss dann unbedingt schon bereitstehen! Bei unserem Prototyp spielen Tomaten eine weitere Hauptrolle. Sie sollen ausgereift sein. Dann sind sie tiefrot, saftig, vollaromatisch.

DIE ITALIENER HALT. MACHEN’S EINFACH, ABER GENIAL GUT.

DER PROTOTYP
BRUSCHETTA

10 PORTIONEN
15 MIN. ZUBEREITUNG
100 KCAL (PORTION)

1

Backofen auf 180° vorheizen.

1 Baguette oder Weißbrot in Scheiben schneiden.

2

3 Fleischtomaten waschen, halbieren und die Kerne entfernen. Das Fruchtfleisch in Würfel schneiden.

8 Basilikumblätter fein hacken.

3 EL Olivenöl mit Tomaten und Basilikum mischen, salzen, pfeffern und beiseitestellen.

3

Die Brotscheiben im Ofen (Mitte) ca. 2 Min. anrösten, dann wenden und noch 1 Min. rösten.

Inzwischen **1 Knoblauchzehe** schälen.

4

Die gerösteten Brotscheiben aus dem Ofen nehmen und mit der Knoblauchzehe abreiben, dann mit der Tomatenmischung belegen. Bruschetta unbedingt sofort frisch und warm essen.

ZUTATEN

- 1 Baguette oder italienisches Weißbrot
- 3 große Fleischtomaten
- 8 Basilikumblätter
- 3 EL Olivenöl
- Salz, Pfeffer
- 1 Knoblauchzehe

VÖLLIG DURCHGEDREHT …

BUNT BELEGT

AVOCADO in Stücke schneiden und mit **RÄUCHERLACHS** anrichten

MANGO würfeln und auf Scheibchen von **MOZZARELLA** streuen

FIX GEMACHT

PARMASCHINKEN in Scheiben passt wunderbar zu **HONIGMELONE**

ZIEGENKÄSE und **FEIGEN** – eine klassische Kombi aus dem Orient

TAPENADE

Für die berühmte südfranzösische Paste einfach die Blättchen von 1 Bund ***Petersilie*** und dazu 2–3 ***Knoblauchzehen*** hacken. 1 ***Bio-Zitrone*** waschen, die Schale abreiben und den Saft auspressen. Alles zusammen mit 500 g entsteinten grünen oder schwarzen ***Oliven*** sowie 150 g ***Kapern*** und 10–12 ***Sardellenfilets*** in ein hohes Gefäß geben und mit ca. 200 ml ***Olivenöl*** zu einer feinen Paste pürieren. Mit ***Pfeffer*** und ***Chilipulver*** abschmecken. Tapenade hält sich in Gläschen abgefüllt viele Tage im Kühlschrank – ein toller Vorrat für überraschend auftauchende Gäste.

CHICKEN POWER!

/// Das kann man aber auch mit Putenlebern machen.

HÜHNERLEBERCREME: MARSALA MACHT'S!

Ein sehr schmackhafter, traditioneller Crostini-Aufstrich wird mit Hühnerlebern gemacht. 250 g ***Hühnerleber*** putzen, in Stücke schneiden und in einer Pfanne mit 1 gehackten ***Knoblauchzehe*** und 1 fein gewürfelten roten ***Zwiebel*** kurz in etwas ***Olivenöl oder Butter*** anbraten. Dann 1 Schuss ***Marsala*** oder ***Portwein*** angießen und kurz einköcheln lassen. 2–3 gehackte ***Sardellen***, ***Salz***, ***Pfeffer***, ***Thymian***, ***Salbei*** oder ***Petersilie*** und etwas ***Chilipulver*** dazugeben. Die Masse pürieren, abschmecken und auf die gerösteten Brotscheiben streichen – fantastisch!

NIX ZU MECKERN **ZIEGENKÄSE**

Vegetarier freuen sich über Crostini mit Ziegenkäse-Variationen: Dazu z. B. Paprikaschoten verschiedener Farben (Optik!) sehr fein würfeln und mit festem Ziegenkäse, der ebenfalls vorher in feine Würfel geschnitten wird, sowie mediterranen Kräutern mischen. Oder Ziegenfrischkäse mit Schnittlauchröllchen und Paprikapulver würzen, die Crostini damit bestreichen und mit leicht gesalzenen Gurkenwürfelchen belegen.

MU T ZUR LÜ CK E

FERTIG! GERICHT!

und was sonst noch?

DAS PRINZIP

BRÜHE

/// Aus unterschiedlichen Zutaten intensive Brühe kochen, zum Sofort-Löffeln als heißer Snack oder als aromatische Basis für Suppentöpfe.

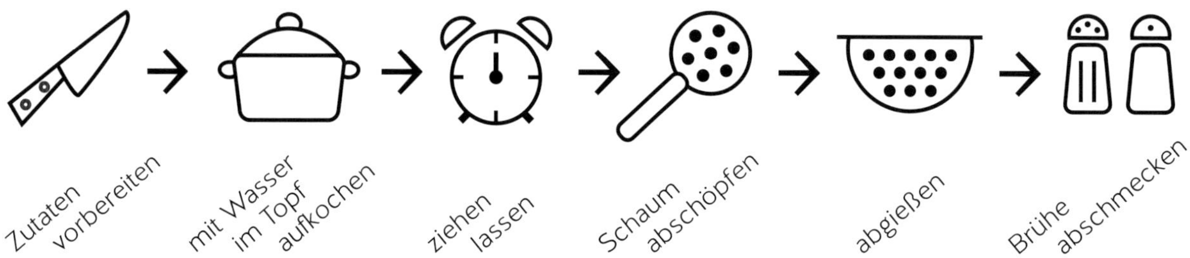

DER PROTOTYP GEMÜSEBRÜHE: Sie ist die vielseitigste aller Brühen und lässt sich sogar aus Resten vom Gemüseputzen zaubern. Für vegetarische Gerichte ist sie einfach unersetzlich.

OB GEMÜSE- ODER FLEISCHBRÜHE: Die Grundzutaten immer in kaltes Wasser geben und dann alles zusammen erhitzen. Dabei bilden sich, besonders bei Brühen mit Fleisch oder Geflügel, Schaumpartikel – die einfach mit einem Schaumlöffel entfernen. Zwiebeln nicht schälen! Die Schale gibt Farbe und Geschmack. Und die Gemüse nicht zu grob schneiden, denn mehr Oberfläche bringt mehr Aroma. Damit Gemüsebrühe klar bleibt, sollte sie nicht wallend kochen, sondern nur leise sieden. Ist sie doch trüb geworden, Brühe durch ein feines Sieb abgießen. Ein grobes Sieb vorher mit einem Mulltuch auslegen.

IN DER HAUPTROLLE:

Bei unserem Prototyp steht Suppengrün im Mittelpunkt. Das besteht klassisch aus Möhre, Knollensellerie, Lauch und Petersilie. Für Gemüsebrühe kannst Du auch Petersilienwurzel oder Staudensellerie verwenden. Und auch Gemüsereste, zum Beispiel Abschnitte von geputztem Gemüse oder gewaschene Schalen, lassen sich für Brühe verwerten und im Wasser auskochen. Brühe hält sich übrigens, heiß in Schraubgläser gefüllt, im Kühlschrank mehrere Wochen, eingefroren (am besten portionsweise) sogar Monate.

ÄLTERE MENSCHEN WISSEN'S NOCH: EIN ESSEN OHNE SUPPE IST KEIN ESSEN …

DER PROTOTYP
GEMÜSEBRÜHE

2 L BRÜHE
2,5 STD. ZUBEREITUNG
160 KCAL

1

1 großes Bund Suppengrün waschen und in nicht zu grobe Stücke schneiden, dabei den Lauch längs halbieren und besonders gründlich waschen.

1 Zwiebel waschen, halbieren, aber nicht schälen.

1 Knoblauchzehe ungeschält waschen und mit einem großen Messer anquetschen.

2 Tomaten waschen und halbieren.

2

2 Lorbeerblätter, 10 Pfefferkörner, 4 Zweige Thymian und **Salz** mit Suppengrün, Zwiebel, Knoblauch und Tomaten in einen Topf geben.

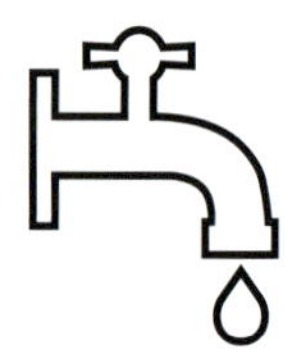

Gut **2 l kaltes Wasser** dazugießen und alles bei starker Hitze aufkochen.

3

ziehen lassen

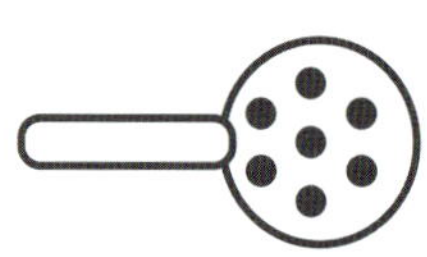

Schaum abschöpfen

Die Hitze kleiner schalten und die Brühe bei schwacher Hitze mindestens 2 Std. zugedeckt ziehen lassen. (Je länger die Garzeit, desto kräftiger die Brühe.) Falls sich Schaum bildet, diesen immer mal wieder mit einem Schaumlöffel von der Oberfläche entfernen.

4

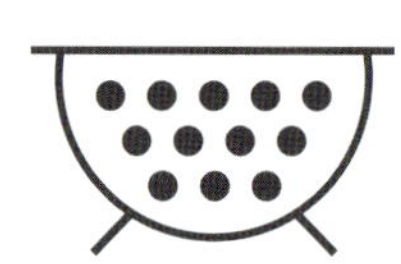

abgießen

Nach der Garzeit die Brühe durch ein feines Sieb in einen breiten Topf abgießen. Das Gemüse wegwerfen. Die Brühe nochmals abschmecken und evtl. nachsalzen.

ZUTATEN

- 1 großes Bund Suppengrün
- 1 Zwiebel
- 1 Knoblauchzehe
- 2 Tomaten
- 2 Lorbeerblätter
- 10 Pfefferkörner
- 4 Zweige Thymian
- Salz

BRÜH ÜBT SICH, WAS SUPPE WERDEN WILL

ahhh … fürs Gefühl

NEUE AROMEN MITKÖCHELN

INGWER waschen und ungeschält in Stücke schneiden, von Anfang an mit rein

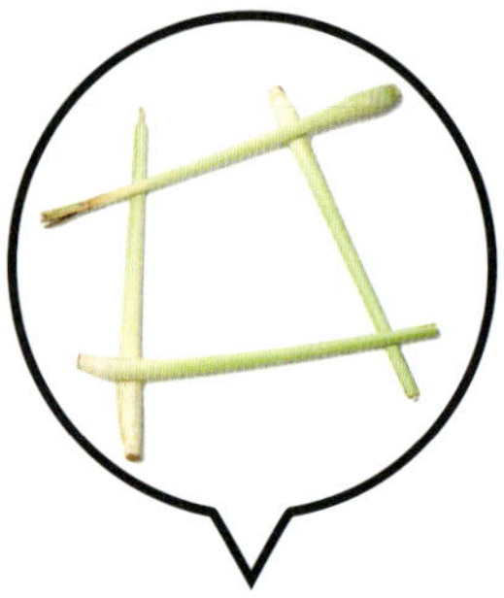

ZITRONENGRAS am fleischigen Ende mit einem Hammer kräftig aufklopfen und auch gleich mitköcheln

ODER NACHWÜRZEN

KNOBLAUCH ganz lassen, pressen oder schneiden – egal, einfach zum Schluss dazugeben

CHILI
Ob frische Schoten oder Pulver: Achtung bei der Dosierung! Sparsam anfangen

HÜHNERBRÜHE

Ist gesund! Und am besten natürlich hausgemacht: 1 ***Suppenhuhn*** unter fließendem Wasser innen wie außen gründlich abwaschen. Dann den Bürzel (die Fettdrüse am Schwanz) entfernen. Das Huhn in einen Topf geben und gerade eben mit kaltem Wasser bedecken. Alles leicht salzen und aufkochen, dabei den Schaum wiederholt abschöpfen. ***Suppengrün*** putzen, waschen, klein schneiden und mit ***Pfefferkörnern***, ***Lorbeerblättern***, ***Piment*** und einigen Stängeln ***Petersilie*** zum Huhn geben. Alles bei schwacher Hitze ca. 2 Std. ziehen lassen. Den Deckel schräg auflegen, um Dampf aus dem Topf zu lassen. Am Ende das Huhn herausheben und die Brühe durch ein Sieb in einen Topf abgießen.

b … für Kraft

RINDERBRÜHE

Dafür in einem großen Topf Wasser zum Kochen bringen und 1 kg ***Rinderknochen*** und 1 kg ***Rindfleisch*** (zum Beispiel Querrippe) für 5 Min. hineinlegen, dann in ein Sieb abgießen und Fleisch und Knochen kalt abbrausen – jetzt sind viele Trubstoffe schon weg. Den großen, ausgespülten Topf erneut mit kaltem Wasser füllen, Fleisch und Knochen hineingeben und aufkochen, jetzt erst salzen. Alles 1 Std. köcheln lassen, bei Bedarf den Schaum abschöpfen. Dann geputztes und gewürfeltes ***Wurzelgemüse*** dazugeben, gerne auch Zweige von ***Thymian***, ***Liebstöckel*** und ***Petersilie*** sowie 2 ***Lorbeerblätter***. Alles noch 2 Std. köcheln lassen, dann die Brühe durch ein Sieb in einen Topf abgießen.

c … für Feinschmecker

FISCHBRÜHE

Hier werden ca. 2 kg ***Fischkarkassen*** gebraucht. (Das sind die Köpfe und Gräten). Karkassen zerkleinern und in kaltem Wasser wässern, dabei das Wasser mehrmals wechseln. Herausnehmen und gut abtropfen lassen. 1 ***Zwiebel***, etwas ***Lauch***, ***Fenchelknolle*** und 1 Stange ***Staudensellerie*** grob zerkleinern. 1 Handvoll ***Champignons*** abreiben. Karkassen mit den vorbereiteten Zutaten in etwas ***Öl*** andünsten. Alles mit ***Weißwein*** ablöschen, mit Wasser bedecken und aufkochen. 2 gewürfelte ***Tomaten***, 1 angedrückte ***Knoblauchzehe***, 1 TL ***Pfefferkörner*** und 1 ***Lorbeerblatt*** einlegen. Alles 30 Min. ziehen lassen, dabei den Schaum abschöpfen. Dann durch ein feines Tuch abseihen.

DAS PRINZIP

CREMESUPPE

/// Samtige Suppen, bei denen Gemüse in Brühe weich gekocht und püriert wird. Sahne, Kokosmilch oder Nussmilch verleiht ihnen noch mehr Cremigkeit.

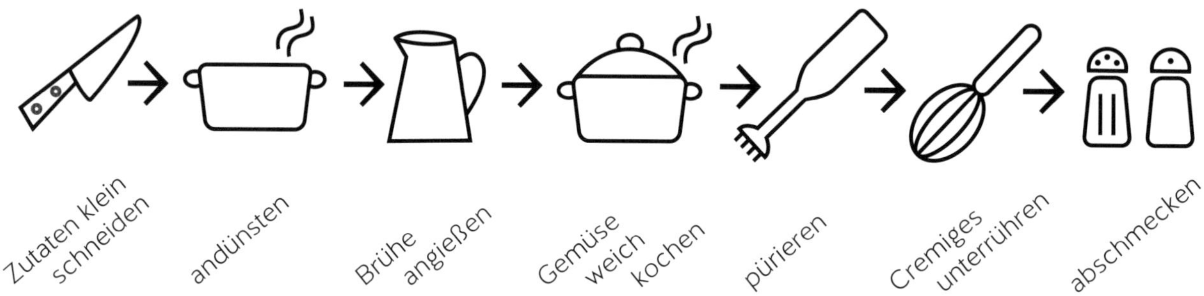

DER PROTOTYP MÖHRENCREMESUPPE: Heißgeliebt und zu jeder Jahreszeit schnell umsetzbar, denn Möhren sind immer im Angebot. Und was mit Möhren geht, geht auch mit jedem anderen Gemüse.

SUPPE NICHT BRODELND KOCHEN, SONDERN SANFT KÖCHELN LASSEN. Sonst geht zu viel Aroma verloren. Möhren vorher möglichst klein würfeln – dann garen sie schneller. Sie sind perfekt gegart, wenn sie sich mit einem Kochlöffel am Topfinnenrand zerdrücken lassen. Das Pürieren übernimmt am besten ein Pürierstab. Achte darauf, dass das Messer immer in der Suppe eingetaucht bleibt. Sonst spritzt es. Nach dem Hinzufügen von Sahne, Milch oder Kokosmilch sollte die Suppe wieder auf Temperatur gebracht werden, aber nicht mehr kochen. Ist sie zu dickflüssig, kannst Du noch etwas Brühe angießen.

IN DER HAUPTROLLE:

Gemüse je nach Wunsch und Saison, gute Gemüse- oder Geflügelbrühe – am besten selbst gemacht. Wie Brühe zubereitet wird, steht auf Seite 40. Du kannst auch Instant-Brühe aus Pulver oder Würfel oder Fond aus dem Glas verwenden – dann aber beim Kauf auf die Inhaltsstoffe achten! Es sollte nichts drin sein außer Gemüsen und Gewürzen, keinesfalls Geschmacksverstärker oder Hefeextrakt. Hier lohnt es sich, zu Bio-Produkten zu greifen. Und am besten die Suppe selber würzen mit Salz, Muskat, Lorbeer, Kräutern ...

SEHEN AUS WIE DIE BEATLES IN ORANGE – ES GIBT MÖHREN ABER AUCH IN MOTOWN-SCHWARZ.

DER PROTOTYP
MÖHRENCREMESUPPE

4 PORTIONEN
45 MIN. ZUBEREITUNG
320 KCAL (PORTION)

1

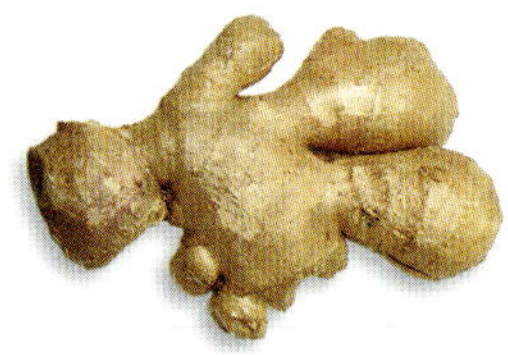

1 Zwiebel und 1 Knoblauchzehe schälen und fein hacken.

1,4 kg Möhren schälen, putzen und in kleine Würfel schneiden.

1 walnussgroßes Stück Ingwer schälen und fein würfeln.

2

3 EL Butter in einem Topf bei mittlerer Hitze schmelzen. Die Zwiebel darin in 3–4 Min. glasig dünsten. Den Knoblauch dazugeben, dann die Möhren unterrühren.

Gut 1 l Gemüsebrühe angießen (die Möhren sollten gerade bedeckt sein) und zugedeckt zum Kochen bringen, dann die Hitze wieder kleiner schalten, den Ingwer dazugeben.

3

garen

Alles zugedeckt bei schwacher bis mittlerer Hitze in ca. 20 Min. garen, bis die Möhren weich sind.

4

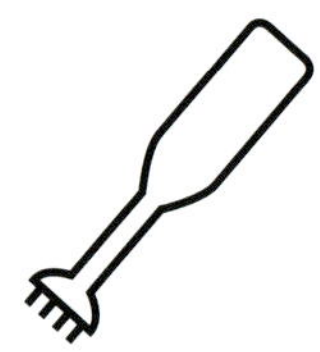

pürieren

Dann die Möhren mit dem Pürierstab fein pürieren, bis die Suppe homogen ist.

5

400 ml Kokosmilch dazugießen und unterrühren. Die Suppe erneut erhitzen, aber nicht mehr aufkochen.

Mit **1 Msp. Cayennepfeffer, Salz** und **Pfeffer** abschmecken. Falls die Suppe zu dickflüssig ist, noch etwas Brühe oder Wasser angießen.

ZUTATEN

- _ 1 kleine Zwiebel
- _ 1 Knoblauchzehe
- _ 1,4 kg Möhren
- _ 1 walnussgroßes Stück Ingwer
- _ 3 EL Butter
- _ 1–1,2 l Gemüsebrühe
- _ 400 ml Kokosmilch (Dose)
- _ 1 Msp. Cayennepfeffer
- _ Salz, Pfeffer

DAS KREATIVLABOR
PASSEND ZU JEDER JAHRESZEIT

LECKERE FARBENLEHRE

GENUSS IN ORANGE

GENUSS IN HELLGRÜN

GENUSS IN DUNKELGRÜN

Für eine Kürbiscremesuppe gewürfeltes **Hokkaido-Kürbis-Fruchtfleisch** mit Schale würfeln. Zwiebeln mit Ingwer andünsten, Kürbis und Brühe dazugeben, weich kochen. Suppe pürieren und mit Cayennepfeffer, Salz und Limettensaft würzen. Mit angerösteten Kürbiskernen und etwas Kürbiskernöl servieren. Auch prima für Cremesuppe: **Lauch** oder **Brokkoli.**

WINTERFEST!

Winterzeit ist **Wurzelgemüsezeit**: Als Grundlage nehmen wir Knollensellerie, Pastinaken und Petersilienwurzel und garen alles in Hühnerbrühe weich. Nach dem Pürieren Sahne (oder Milch) dazugeben, bei den Gewürzen darf sich Currypulver einschleichen. Am Ende bringt Essig Pfiff in die Suppe.

TOP!

Feines Topping für Suppen: Geröstete Brotwürfel oder Kürbiskerne, frittierte Kräuter oder als besonderen Dreh: Knollensellerie, Möhre oder Lauch mit einem scharfen Messer in hauchfeine Stifte schneiden. Diese dann in heißem Öl frittieren, mit einem Schaumlöffel herausheben und auf Küchenpapier abtropfen lassen. Beim Servieren an den Tellerrand legen – tolle Knabberei!

AHA!

/// *Süßkartoffeln gehören in den USA zu jedem Thanksgiving-Dinner.*

MAL OHNE SAHNE ODER KOKOSMILCH

Eine **Süßkartoffel-Apfel-Suppe** wird trotzdem herrlich cremig. Zu den Zwiebeln die Süßkartoffelwürfel geben und in Hühnerbrühe garen. Nach dem Pürieren 3–4 geschälte, entkernte und gewürfelte Äpfel miterhitzen. Suppe nochmals pürieren, mit Zitronensaft, Cayennepfeffer, Salz und Pfeffer abschmecken. Im Teller mit fein geschnittenen Apfelstreifchen, frischen Basilikumblättern und Croûtons anrichten.

LUST AUF VIEL FARBE?

Dann kommt eine **Spinatrahmsuppe** gerade recht! Die Basis sind in Butter angedünstete Schalotten- und Ingwerwürfel, die mit Kartoffelwürfeln in Gemüsefond und Sahne ca. 15 Min. gekocht werden. Mindestens 500 g jungen Spinat dazugeben, zusammenfallen lassen und anschließend gut pürieren. Pfeffer, Salz, Muskatnuss und Zitronensaft runden ab.

DAS PRINZIP
SUPPENTOPF

/// Hier wird nicht püriert, sondern Brühe mit feinen Einlagen angereichert, z. B. mit Gemüse, Huhn, Fleisch, Fisch – oder auch mit Nudeln, Reis …

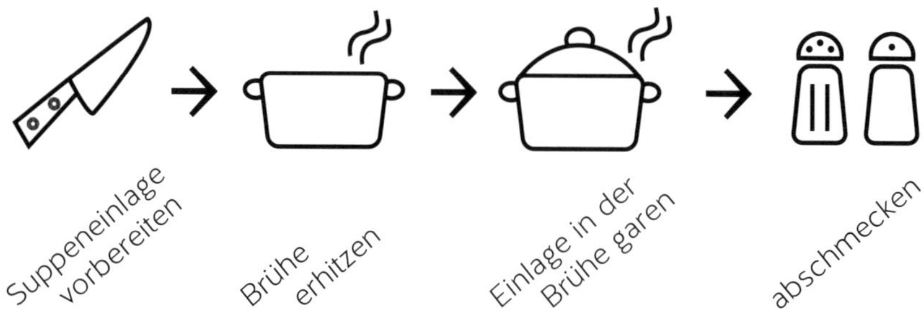

DER PROTOTYP GEMÜSESUPPE: Von der Brühe zur Suppe in ganz wenigen Schritten: Der Suppentopf mit buntem Gemüse ist der Renner für all diejenigen, bei denen es schnell gehen muss.

GEMÜSE FEIN ZERTEILEN und in der kochenden Brühe kurz garen. Es soll aber nicht weich kochen, sondern Aroma und feinen Biss behalten. Die Brühe muss dabei nicht stark »blubbern«, es genügt völlig, sie am Siedepunkt zu halten. So garen auch Einlagen wie gewürfeltes Hähnchen- oder Fischfilet oder Fleisch richtig zart. Wer keine Zeit hat, nimmt tiefgekühltes Gemüse. Ob Blumenkohl, Brokkoli oder grüne Bohnen: Mittlerweile gibt es in jeder Supermarkt-Truhe ein großes Angebot. Da TK-Gemüse in der Regel gleich nach der Ernte verarbeitet und eingefroren wird, ist es frischem keinesfalls unterlegen.

IN DER HAUPTROLLE:

Brühe – und nahezu alles, was du an Frischware im Kühlschrank findest. Gemüse? Die ganze Palette! Fleisch? Am besten geeignet sind kurzfaserige, zarte Stücke vom Rücken – Bratenfleisch würde zu lange brauchen, um weich zu werden. Feines Fischfilet grundsätzlich erst am Ende in den Suppentopf geben und nur kurz bei sehr schwacher Hitze mitgaren, sonst zerfällt es. Am besten alles in mundgerechte Stücke schneiden. Als sättigende Einlage kannst Du Kartoffeln, kleine, vorgekochte Nudeln oder auch Reis nehmen.

EIN SELBST GEMACHTER SCHATZ, DER FÜR AHS UND OHS SORGT. GARANTIERT.

DER PROTOTYP GEMÜSESUPPE

4 PORTIONEN
35 MIN. ZUBEREITUNG
70 KCAL (PORTION)

1

1 kleinen Zucchino und **2 Stangen Staudensellerie** waschen, putzen und fein würfeln.

2 Möhren schälen, putzen und fein würfeln.

2

1,5 l Gemüsebrühe

150 g TK-Erbsen

In einem großen Topf die Brühe aufkochen. Die Zucchini-, Sellerie- und Möhrenwürfel in die sprudelnd kochende Brühe geben und bei mittlerer Hitze zugedeckt ca. 10 Min. garen. Dann die Erbsen tiefgekühlt dazugeben und alles 5–10 Min. weiterköcheln lassen, bis das Gemüse bissfest oder weich ist – je nach Geschmack.

3

2 Stängel Petersilie waschen. Die Blättchen abzupfen und fein hacken.

Die Suppe mit **Salz, Pfeffer** und **1 Prise frisch geriebener Muskatnuss** abschmecken und mit der Petersilie bestreuen.

ZUTATEN

- 1 kleiner Zucchino
- 2 Stangen Staudensellerie
- 2 Möhren
- 1,5 l Gemüsebrühe
- 150 g TK-Erbsen
- 2 Stängel Petersilie
- Salz, Pfeffer
- Muskatnuss

KRÄFTIGES AROMA

GERÄUCHERTER SPECK in Würfeln bringt viel Würze in die Suppe

RÄUCHERTOFU verleiht vegetarischen Suppen eine starke Note

FEINE EINLAGE

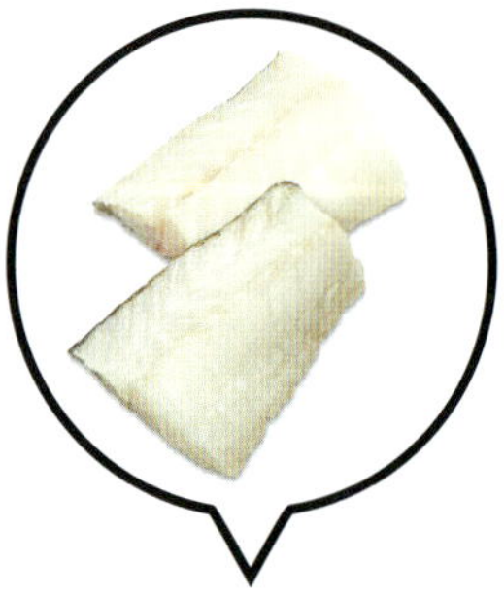

Filets von **FISCH** oder **HÄHNCHENBRUST** ohne Haut klein schneiden, mitgaren

GARNELEN einfach tiefgefroren in die Brühe geben, macht was her

Italienisch

MINESTRONE

Eine Minestrone ist – wie unser Prototyp – auch eine Gemüsesuppe, doch deutlich reichhaltiger und nahrhafter. Als erstes je 1 ***Zwiebel*** und ***Knoblauchzehe*** hacken und in etwas ***Olivenöl*** glasig andünsten. Dann Gemüse nach Belieben, etwa 2 gewürfelte ***Möhren*** und 2 klein geschnittene Stangen ***Staudensellerie***, mitdünsten. Dann ca. 1 l ***Gemüsebrühe*** angießen, aufkochen und das Gemüse darin bissfest garen. Zum Schluss noch klein gewürfelte ***Tomaten***, 1 Handvoll ***Blattspinat*** und bissfest gegarte kurze ***Nudeln*** in den Topf geben und miterhitzen. Die Minestrone mit ***Salz*** und ***Pfeffer*** abschmecken und dann in große Teller füllen. Obendrauf darf noch ***Parmesan*** geraspelt werden.

Asiatisch

THAI-SUPPE

1 walnussgroßes Stück **Ingwer** schälen und in dünne Scheiben schneiden. 2–3 Stängel **Zitronengras** putzen und mit der breiten Seite eines Messers so andrücken, dass sie aufplatzen. Stängel in 2 cm lange Stücke schneiden. 2 **Hähnchenbrustfilets** in Stücke, 1 Handvoll **Pilze** in Scheiben schneiden. In einem großen Topf 1 l **Hühnerbrühe** aufkochen, Ingwer, Pilze und Zitronengras dazugeben, dann die Hähnchenstücke, 1–2 EL **Currypaste** und 200–400 ml **Kokosmilch**. Alles leicht köcheln lassen, bis die Hühnerstücke gar sind. Suppe mit **Fischsauce**, **Limettensaft**, **Kaffir-Limettenblätter** und **Salz** würzen, nach Belieben auch mit **Koriandergrün** und **Chiliflocken.**

Französisch

FISCHSUPPE

Für eine mediterrane Fischsuppe je 1 **Zwiebel** und **Knoblauchzehe** fein würfeln und in **Olivenöl** in einem großen Topf glasig dünsten. 100 g ungekochten, gewaschenen **Reis** mit 2–3 gehäuteten, gewürfelten **Tomaten** dazugeben. Alles bei mittlerer Hitze 3–5 Min. dünsten. Ca. 1 l **Fischfond** dazugießen und die Suppe köcheln lassen, bis der Reis fast gar ist. Dann 1 klein gewürfelte rote **Paprikaschote** dazugeben. 400 g weißes **Fischfilet** in mundgerechte Stücke schneiden und mit 1 Zweig **Rosmarin** in die Suppe geben. Schon nach 4–6 Min. ist der Fisch gar. Gehackte **Kräuter** (Schnittlauch, Thymian, Basilikum) unterrühren und die Suppe mit **Salz**, **Pfeffer** und **Zitronensaft** abschmecken.

DAS PRINZIP

GRATIN

/// Scheiben von Kartoffeln oder Gemüsen in cremiger Flüssigkeit garen und mit Käse überbacken – schon solo ein köstliches Essen!

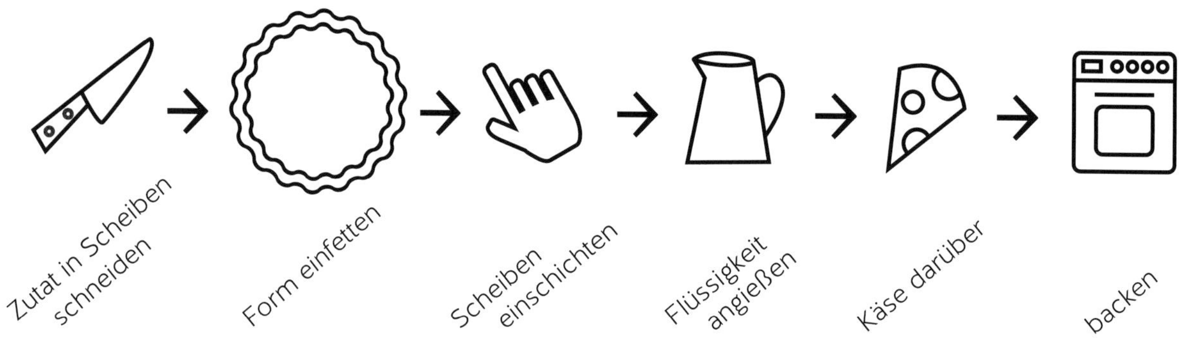

DER PROTOTYP KARTOFFELGRATIN: Für die »Mutter aller Gratins« werden Kartoffeln fein geschnitten, in eine ofenfeste Form geschichtet und knusprig überbacken – ein saftiges und würziges Wohlfühlessen! Schmeckt als Hauptgericht mit einem großen gemischten Blattsalat oder klassisch als Beilage zu Fleisch oder Fisch.

ALS FLÜSSIGKEIT SAHNE ODER MILCH VERWENDEN – oder eine Mischung aus beiden. Die Sahnemilch fürs Würzen erwärmen, so lässt sie sich besser abschmecken. Und nicht zu zaghaft würzen, denn die Kartoffeln schlucken jede Menge Aroma. Die Gratin-Garzeit hängt von der Größe der Form ab, von der Anzahl der Schichten und der echten Hitze im Backofen (die bei jedem Herd auch etwas abweichen kann vom eingestellten Wert). Am besten das Gratin im Auge behalten und schon 15 Min. vor dem Ende der empfohlenen Zeit eine erste Garprobe machen (mit der Messerspitze einstechen).

IN DER HAUPTROLLE:

In diesem Fall Kartoffeln. Und zwar mit der Kocheigenschaft festkochend, mehligkochende Sorten würden leicht zu Matsch werden. Je dünner die Kartoffeln gehobelt oder geschnitten werden, desto feiner ist das Mundgefühl. Zum Gratinieren Bergkäse wie reifen Comté, Greyerzer oder auch Pecorino verwenden. Diese Hartkäse haben nur noch wenig Wasseranteile und verbrennen beim Garen nicht so leicht wie Emmentaler oder Gouda. Sollte das Gratin dennoch drohen, zu dunkel zu werden, die Form mit Alufolie abdecken.

LA RATTE, THE POTATOE, DER ERDAPFEL

DER PROTOTYP
KARTOFFELGRATIN

4 PORTIONEN
20 MIN. ZUBEREITUNG
1 STD. BACKEN
420 KCAL (PORTION)

1

Backofen auf 180° vorheizen.

1 kg festkochende Kartoffeln schälen und in feine Scheiben schneiden oder hobeln.

1 Knoblauchzehe schälen und fein hacken.

100 g reifen Bergkäse von der Rinde befreien und reiben.

2

Mit **1 TL Butter** eine Gratinform mit hohem Rand sorgfältig einfetten.

3

Kartoffelscheiben in die Form einschichten. Das können ruhig mehrere Lagen übereinander sein.

4

200 g Sahne

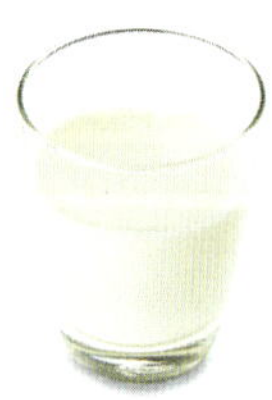

100 ml Milch

Salz & Pfeffer

Muskat

In einem kleinen Topf die Sahne mit der Milch erhitzen, den Knoblauch dazugeben und mit Salz, Pfeffer und 1 Prise frisch geriebener Muskatnuss abschmecken. Alles über die Kartoffeln gießen.

5

Den Käse über die Kartoffeln streuen. Die Form in den Ofen schieben. Das Gratin in ca. 1 Std. bei 180° backen, sodass eine braune (aber nicht schwarze) Kruste entsteht. Falls nötig, das Gratin gegen Ende der Garzeit mit Alufolie abdecken.

ca. 1 Std.

ZUTATEN

- 1 kg festkochende Kartoffeln
- 1 Knoblauchzehe
- 100 g reifer Bergkäse
- 1 TL Butter
- 200 g Sahne
- 100 ml Milch
- Salz, Pfeffer
- Muskatnuss

DAS KREATIVLABOR

GRATINIER MAL ANDERS!

NEU KOMBINIEREN

FRUCHTIGE KOMPONENTE

FARBIGE KOMPONENTE

TON IN TON KOMPONENTE

Bei den Kartoffeln muss es nicht bleiben: Eine fruchtige Komponente kommt ins Spiel, wenn man immer wieder mal ein paar Scheiben Apfel, Birne oder Quitte dazwischen steckt. Dünne Scheibchen Rote Bete hingegen bringen tolle Farbe und einen »gemüsigen« Geschmack. Soll die Farbe einheitlicher sein, dann einfach Kohlrabi, weiße Rüben oder Mairüben nehmen.

MIT FLEISCH & GEMÜSE

Mehr Pfiff bekommen Aufläufe durch weitere Zutaten wie Gemüse, Schinken oder Hackfleisch. Diese mit den Kartoffeln abwechselnd einschichten. Dann die gewürzte Flüssigkeit darübergießen.

MINI-GRATIN

Idee für Individualisten: Jeder bekommt sein eigenes Gratin. Hierfür kleine, runde Gratinformen (mit ca. 9 cm Durchmesser) einfetten und die Kartoffeln hochkant einstecken. Nach dem Garen die Gratins mit einem Löffel vorsichtig aus den Formen heben.

WHOW!

/// Gulasch mit einer Haube aus Kartoffeln, Süßkartoffeln oder Kürbis?

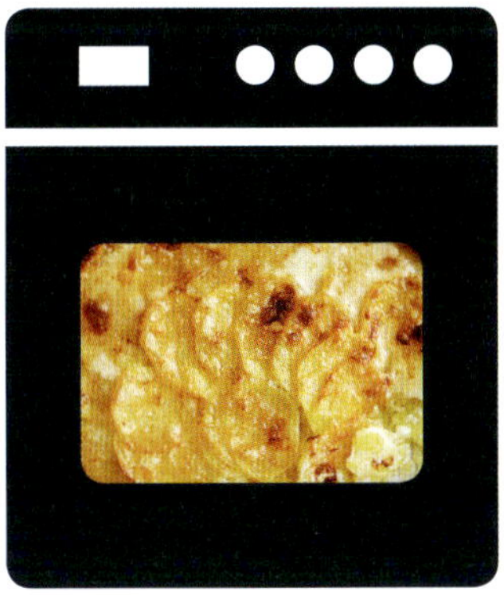

DAS SCHMECKT SUPER UND SIEHT GENAUSO AUS

Spannend und kreativ wird es, wenn ein im Grunde fertiges Gericht als Abrundung noch gratiniert wird. So kann man in die Auflaufform ein Gulasch geben und darauf eine Haube aus Kartoffeln, Süßkartoffeln oder Kürbis setzen. Hierfür beispielsweise 750 g ***Kartoffeln*** mit Schale in ausreichend Wasser in ca. 30 Min. weich garen, abgießen und pellen. Kurz ausdampfen lassen und durch eine Kartoffelpresse drücken. Mit 2 ***Eigelb***, 2 EL ***Speisestärke***, 3 EL flüssiger ***Butter***, ***Salz*** und geriebener ***Muskatnuss*** auf einer bemehlten Fläche zu einem Teig verkneten. Daraus kleine Klößchen formen und diese in Salzwasser in 6–7 Min. gar ziehen lassen. Mit dem Schaumlöffel herausheben und abgetropft auf dem heißen Gulasch verteilen. 80 g ***Bergkäse*** darüberstreuen und in 20 Min. bei 180° überbacken.

… ODER WIE WÄR'S MIT NUDELAUFLAUF?

Aufläufe funktionieren nach dem gleichen Prinzip. Für einen einfachen **Nudelauflauf** ca. 500 g kurze ***Nudeln*** in Salzwasser bissfest garen, abgießen und in eine ausgebutterte Form geben. 100 g ***Sahne*** mit 2 ***Eigelb*** verquirlen und mit ***Salz***, ***Pfeffer*** und ***Currypulver*** sowie 50 g geriebenem ***Parmesan*** würzen. Über die Nudeln geben und den Auflauf im vorgeheizten Ofen bei 200° ca. 40 Min. backen.

DAS PRINZIP

GNOCCHI!

/// Kleine Klößchen mit dem typischen Rillenmuster mal nicht im Supermarkt kaufen, sondern einfach selber machen – richtig gut!

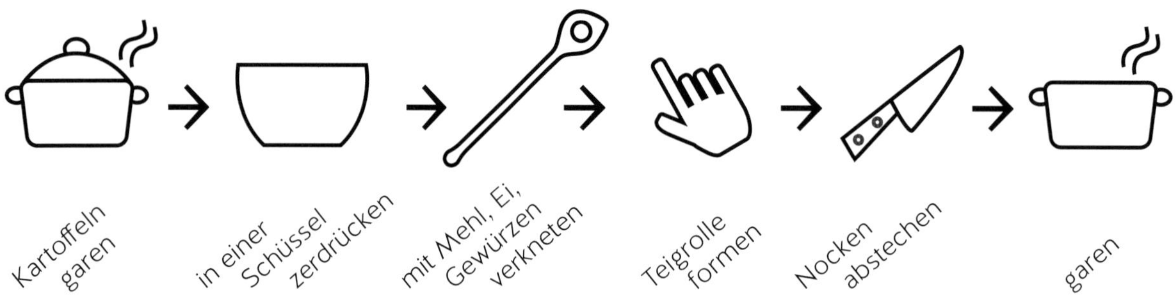

DER PROTOTYP KARTOFFELGNOCCHI: Die bekanntesten Klößchen kommen aus Italien und werden aus Kartoffeln zubereitet. Übersetzt heißen sie »Nocken«, richtig ausgesprochen »Niocki«. Mit den kleinen Rillen auf dem Rücken können sie Saucen aller Art besonders gut aufnehmen. Wunderbar als Beilage und auch einfach so mit Salbeibutter!

HIER IST SCHNELLIGKEIT GEFRAGT! Die gegarten, zerdrückten Kartoffeln noch warm mit Mehl, Eigelb, Salz und Muskat zu einem Teig verarbeiten, der nicht mehr klebrig, aber keinesfalls zu trocken ist. Rasch arbeiten, der Teig darf nicht vollständig abkühlen. Für das Rillenmuster die Gnocchi mit wenig Druck über die Rückseite einer Gabel rollen. So wird die Oberfläche vergrößert und die Nocken können mehr Sauce aufnehmen. Gnocchi in mehreren Portionen kochen. Wenn Du gleich alle ins Kochwasser gibst, kühlt es ab, und die Gnocchi werden klebrig. Fertige Gnocchi jeweils im Ofen bei 80 °C warm stellen.

IN DER HAUPTROLLE:

Kartoffeln und Mehl. Interessanterweise verwenden die Italiener festkochende Kartoffeln, in Deutschland haben sich Gnocchi aus mehligkochenden Sorten durchgesetzt. Der Unterschied im Mundgefühl: Die italienische Variante ist etwas fester, die deutsche feiner, aber auch klebriger. »Vorwiegend festkochend« zu verwenden, ist ein guter Kompromiss. Beim Mehl Standardtype 405 nehmen. Einen Teil davon kannst Du übrigens sehr gut durch frisch geriebenen Parmesan ersetzen. Das macht die Gnocchi besonders würzig.

GESTATTEN: KARTOFFELPRESSE. NEBENBERUFLICH MACHE ICH AUCH SPÄTZLE.

DER PROTOTYP KARTOFFELGNOCCHI

4 PORTIONEN
45 MIN. ZUBEREITUNG
280 KCAL (PORTION)

1

800 g mehligkochende Kartoffeln waschen und ungeschält in Wasser in ca. 25 Min. weich garen. Abgießen, kurz ausdampfen lassen und pellen. Die Kartoffeln mit einem Kartoffelstampfer zerdrücken oder durch eine Presse geben.

2

200 g Mehl, 2 Eigelb, Salz und **1 Prise frisch geriebene Muskatnuss** zu den Kartoffeln geben.

3

Die Kartoffelmasse rasch mit den Händen zu einem geschmeidigen Teig verkneten, daraus auf einer bemehlten Arbeitsfläche mehrere lange Rollen (Ø 2–2,5 cm) formen.

Mit einem Messer kleine Nocken abstechen. Diese einzeln und mit wenig Druck über die Rückseite einer Gabel rollen, um das typische Rillenmuster zu erhalten.

4

Gnocchi garen

Inzwischen in einem großen Topf reichlich Salzwasser bis kurz vor den Siedepunkt erhitzen, aber nicht aufkochen. Die Gnocchi im siedenden Wasser in kleinen Portionen garen. Das dauert pro Portion ca. 3 Min. Wenn sie an die Oberfläche steigen, sind sie gar.

herausheben

Gnocchi jeweils mit einem Schaumlöffel herausheben und im Ofen bei 80° warm stellen, bis alle fertig sind, dann sofort genießen.

ZUTATEN

_ 800 g mehligkochende Kartoffeln
_ 200 g Mehl (Type 405)
_ 2 Eigelb
_ Salz
_ Muskatnuss

DAS KREATIVLABOR

NOCH MEHR KNÖDELEIEN

ROOTS RULE

KÜRBIS

PASTINAKEN

SELLERIE

Mischen erlaubt! Gerade mit diesen drei Gemüsesorten, die gekocht eine ähnliche Konsistenz aufweisen wie Kartoffeln, werden im Handumdrehen neue Geschmackstüren aufgemacht. Einfach knapp ein Drittel der Kartoffeln (ca. 250 g) durch die gleiche Menge Kürbis, Pastinaken oder Knollensellerie ersetzen, in Scheiben schneiden und wie beim Prototyp beschrieben mitgaren. Kein Unterschied in der Verarbeitung!

PERSÖNLICHER TOUCH

Der Gnocchi-Grundteig kann ganz einfach geschmacklich und optisch variiert werden: etwa mit Curry- oder Paprikapulver, mit fein gehackten Kräutern oder Rote-Bete-Saft.

BUTTER ISSES!

Gnocchi schmecken prima mit Tomatensauce und frisch geriebenem Parmesan. Oder auch als Beilage zu Gulasch und Ragout. Ganz fix und ebenso lecker dazu: heiße **Salbeibutter**. Dafür einfach reichlich Butter sanft erhitzen, frische Salbeiblättchen einstreuen und kurz braten. Gnocchi damit begießen.

LECKER!

/// Was Du aus Kartoffelteig noch so zaubern kannst ...

HA WOISCH, DES MACHET DIE SCHWOBA ...

Ähnlich wie Gnocchi werden auch **Fingernudeln** gemacht. Sie sollen in der Konsistenz zum Schluss etwas fester sein als Gnocchi, deshalb können die Kartoffeln dafür schon am Vortag gegart werden. Zum Grundteig kommen noch 1 TL ***Speisestärke*** und 2–3 EL ***geschmolzene Butter*** dazu. Von den Teigrollen Stücke von ca. 5 cm Länge abstechen, diese jeweils so ausrollen, dass sie an den Enden spitz auslaufen. Die Fingernudeln im Salzwasser ca. 5 Min. garen, danach in einer großen Pfanne in Butterschmalz goldbraun anbraten.

... UND WAS MACH ICH **MIT RESTEN?**

Noch Gnocchi oder Fingernudeln übrig? Wunderbar – schon hast Du die Basis für ein schnelles Essen am nächsten Tag. Die bereits gegarten Gnocchi oder Fingernudeln in einer Pfanne in Butter bei schwacher bis mittlerer Hitze heiß werden lassen und bräunen. Parallel in einem Töpfchen Speckwürfel erhitzen, 1 Dose Sauerkraut und 1 Schuss Apfelsaft dazugeben. Wenn alles heiß ist, das Sauerkraut mit den angebräunten Fingernudeln oder Gnocchi servieren.

DAS PRINZIP

NUDELTEIG

/// Aus wenigen einfachen Zutaten selber einen Nudelteig kneten und so die perfekte Basis schaffen für unglaublich viele Pasta-Variationen.

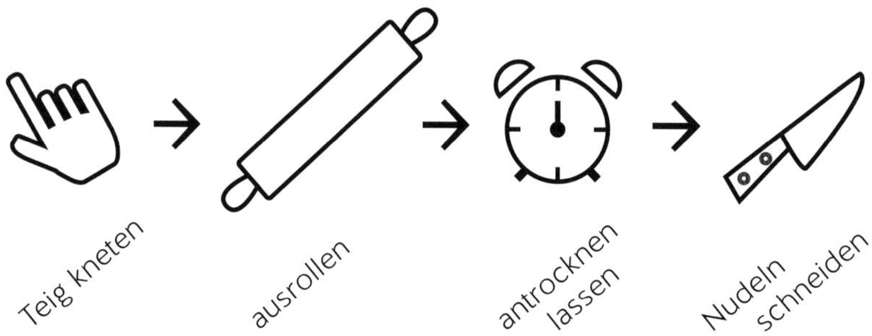

DER PROTOTYP NUDELTEIG MIT EI: Nudeln machen glücklich – und selbst gemachte obendrein noch stolz. Am Kneten kommst Du hier jedoch nicht vorbei. Ist fast wie ein kleiner Workout für die Arme, und danach schmeckt die Pasta doppelt so gut.

ALLE ZUTATEN – AUCH DIE EIER! – MÜSSEN RAUMTEMPERATUR HABEN. Du kannst zunächst alles auf der Arbeitsplatte aufhäufeln und vermengen oder das erste Mischen der Küchenmaschine überlassen. Doch dann gibt es zum weiteren Kneten mit der Hand keine Alternative. Dabei den Teig immer wieder in unterschiedliche Richtungen kneten, am besten auf einer Arbeitsplatte aus Granit, Marmor oder Edelstahl. Durch die Glätte und Kühle des Untergrunds löst er sich besser als von Holz. Wenn er sich fein und schön glatt anfühlt, den Teig in Frischhaltefolie wickeln und 1 Std. ruhen lassen.

IN DER HAUPTROLLE:

Mehl. Es gibt spezielle Pasta-Mehle aus Italien, doch mit unserem Standardmehl (Type 405) funktioniert das »Nudeln« ebenfalls einwandfrei, auch mit Roggen- oder Vollkornmehl. Allerdings brauchst Du dann etwas mehr Öl oder 1 Eigelb mehr. Sonst wird der Teig zu trocken. Pastateig ohne Ei gelingt dagegen nur mit Hartweizengrieß, den es beim italienischen Feinkosthändler, im Bioladen oder größeren Supermarkt gibt. Nicht verwechseln mit Weichweizengrieß! Die Teigherstellung mit Öl, Salz und Wasser ist dann gleich.

MIT HAUSGEMACHTER PASTA BIST DU DER KING. SO EINFACH, EINFACH SO.

DER PROTOTYP NUDELTEIG MIT EI

4 PORTIONEN
45 MIN. ZUBEREITUNG
1 STD. RUHEN
430 KCAL (PORTION)

1

400 g Mehl (Type 405)

4 Eier

1 TL Salz

1 TL Olivenöl

Das Mehl auf eine Arbeitsplatte häufen, in der Mitte eine Mulde hineindrücken und die Eier, das Salz und das Öl hineingeben. Die Eier mit einer Gabel verquirlen und etwas Mehl darüberstreuen.

2

Teig kneten

Mehl zum Arbeiten

1 Std. ruhen lassen

Nun alles mit den Händen zu einem Teig verarbeiten. Den Teig dann ca. 5 Min. in verschiedene Richtungen kneten. Er soll am Ende ganz glatt sein und darf nicht kleben. Im Zweifelsfall noch etwas mehr Mehl einarbeiten. Den Teig in Frischhaltefolie wickeln und 1 Std. ruhen lassen.

3

Teig ausrollen

Nudeln schneiden

Dann den Teig auf einer glatten, mit Mehl bestäubten Oberfläche mit einem Nudelholz ausrollen, und zwar möglichst dünn und gleichmäßig, damit die Pasta später einheitlich gar wird. Anschließend den Teig mit Mehl bestäuben und antrocknen lassen. Dann locker aufrollen und mit einem großen Messer in schmale oder breite Bandnudeln schneiden.

ZUTATEN

- *400 g Mehl (Type 405)*
- *4 Eier*
- *1 TL Salz*
- *1 TL Olivenöl*
- *Mehl zum Arbeiten*

DAS KREATIVLABOR
INDIVIDUELLE LIEBLINGSPASTA

FARBENSPIEL

KURKUMA
hat nicht den feinen Geschmack von Safran, färbt aber genauso schön gelb

TINTENFISCHTINTE
macht Pasta schwarz und muss beim Fischhändler vorbestellt werden

FRISCHEKICK

ZITRUSSCHALEN
lassen Nudeln herrlich frisch werden – besonders toll zu Fischgerichten

TOMATENMARK
gibt dem Teig Farbe und dezenten Geschmack. Einfach untermischen

SPINAT-RAVIOLI

Für die italienischen Teigtäschchen 300 g ***Spinat*** putzen, in Streifen schneiden und waschen. Tropfnass in eine heiße Pfanne geben und kurz dünsten, bis der Spinat zusammenfällt und das Wasser verdampft ist. 1–2 gehackte ***Knoblauchzehen*** mitdünsten. Jetzt den Spinat mit 350 g ***Ricotta oder Frischkäse*** sowie 1 Handvoll gehacktem ***Basilikum*** vermischen. Mit ***Salz***, ***Pfeffer*** und ***Muskatnuss*** würzen und etwas abkühlen lassen. Spinatmischung dann auf einer Teigbahn in Häufchen im Abstand von ca. 5 cm verteilen, die freien Ränder drumherum mit Eigelb bestreichen. Eine zweite Teigbahn darauflegen, Teig zwischen den Füllungen gut andrücken. Mit einem Teigrädchen eckige oder mit einem Ausstecher runde Teigtäschchen ausschneiden und mit den Händen jeweils vorsichtig flach drücken.

FÜR INSCHENIÖRE

/// Mit einer Maschine geht's einfacher – fast ganz ohne Muskelkraft.

KURBELN STATT KNETEN: PASTA PRIMA

Die Walzen zunächst so einstellen (Stufe 1), dass sie am weitesten voneinander entfernt sind. Ein Stück Teig abschneiden, flach drücken und durch die Maschine drehen. Teig auffangen, zusammenklappen und erneut durchdrehen. Nach und nach die Walzen enger stellen (bis Stufe 6 oder 7). So wird der Teig immer dünner. Ist er wie gewünscht, die Teigplatte auf eine bemehlte Fläche legen, einmal umdrehen, das Mehl mit der Hand abfegen, erneut umdrehen und nochmals das Mehl leicht abfegen. Teig ruhen lassen, bis er etwas getrocknet ist. Dann nach Wunsch mit dem Messer oder einem der mitgelieferten Aufsätze schneiden. Die geschnittenen Nudeln auf eine leicht bemehlte Fläche legen.

WIE WÄR'S MAL MIT **ORECCHIETTE?**

Sie werden auch »Öhrchennudeln« genannt und sind das Wahrzeichen von Bari in Apulien. So machst Du sie: Aus dem Nudelteig lange daumendicke Rollen formen. Von diesen jeweils ein dünnes Stück abschneiden, mit dem Daumen eine Delle hineindrücken und dann über ein Fingerglied zurückstülpen. So entsteht die charakteristische Wölbung.

HOP P L AH!

anders normal

DAS PRINZIP

PIZZA

/// Tiefkühlpizza, ade! Hier zaubern wir uns unser Lieblingsgericht ganz einfach selbst. Und legen alles drauf, was uns am besten schmeckt.

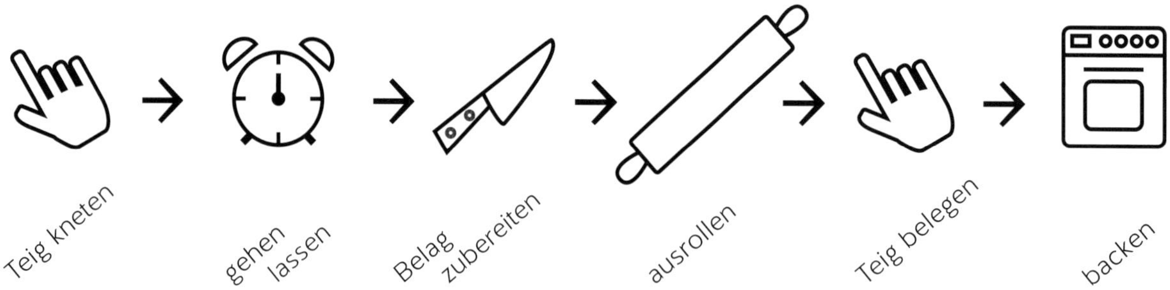

DER PROTOTYP PIZZA MARGHERITA: Ein Pizzabäcker kreierte sie vor rund 120 Jahren – zu Ehren der damaligen Königin Margherita – in den italienischen Landesfarben: basilikumgrün, mozzarellaweiß, tomatenrot. Heute ist sie ein Klassiker: die »einzig wahre« und einfachste Pizza, die sich beliebig abwandeln lässt.

DEN TEIG AUSDAUERND KNETEN! Lieber etwas länger als zu kurz. Gönn ihm dann die nötige Ruhe. Am besten den Teig mindestens 1 Std. an einem warmen Ort gehen lassen, z. B. in der Nähe der Heizung oder auf dem Fensterbrett an einem sonnigen Tag. So haben die Hefen ein ideales Klima zum Arbeiten, und der Teig kann besser hochgehen. Beim Backen gilt dann: je heißer, desto besser. Das dürfen dann gerne auch 270° sein, wenn Dein Ofen diese Temperatur erreicht. Reine Pizzaöfen gehen sogar auf über 350°! Auf jeden Fall den Ofen rechtzeitig vorheizen, damit von Anfang an starke Hitze da ist.

IN DER HAUPTROLLE:

Im Grunde die Zeit, die der Teig zum Gehen benötigt. Der Rest ergibt sich mit Mehl, Salz, Hefe, Wasser und Zucker fast von selbst. Verwende am besten das italienische Pizzamehl Type 00. Es ist unserem Standardmehl Type 405 ähnlich, hat aber mehr Kleber-Eiweiß. Dadurch wird der Pizzateig elastischer und geht besser auf. Das spezielle Pizzamehl findest Du beim italienischen Feinkosthändler oder in einem gut sortierten Supermarkt. Hefewürfel gibt es dort sowieso, und zwar im Kühlregal bei den Molkereiprodukten.

PIZZATEIG IST WIE 'NE ZIGARRE. SCHLICHT UND BRAUCHT NUR ZEIT UND RUHE.

DER PROTOTYP

PIZZA MARGHERITA

1 GROSSES BLECH
30 MIN. ZUBEREITUNG
1 STD. RUHEN
10–12 MIN. BACKEN
730 KCAL (PORTION BEI 2)

1

200 g Mehl

1 TL Salz

½ Würfel Hefe

1 Prise Zucker

Das Mehl in eine große Rührschüssel sieben und mit dem Salz bestreuen. In die Mitte eine Mulde drücken. Die Hefe hineinbröckeln. 1 Prise Zucker darüberstreuen.

2

1 EL Olivenöl

Das Öl mit ca. **75 ml lauwarmem Wasser** dazugießen und alles mit den Händen kräftig und ausdauernd durchkneten. Bei Bedarf mehr Wasser dazugeben. Der Teig muss am Ende locker von den Händen gehen.

3

Teig 1 Std. gehen lassen

Den Teig zu einer Kugel formen und an einem warmen Ort zugedeckt ca. 1 Std. gehen lassen. Das Volumen soll sich verdoppeln. Den Backofen auf 250° vorheizen.

4

150 ml passierte Tomaten mit **Salz** und **Pfeffer** würzen.

250 g Mozzarella in dünne Scheiben schneiden

Blätter von ½ **Töpfchen Basilikum** abzupfen.

5

Teig ausrollen

Den Teig mit einem Nudelholz auf etwas Mehl ausrollen, auf ein mit Backpapier belegtes Blech legen, mit der Tomatensauce bestreichen und mit den Mozzarellascheiben belegen. Die Pizza im heißen Ofen (Mitte) 10–12 Min. backen, bis der Teigrand goldene Blasen wirft. Basilikum zum Servieren aufstreuen.

10–12 Min.

ZUTATEN

- _ 200 g Mehl (Type 00)
- _ 1 TL Salz
- _ ½ Würfel Hefe (ca. 20 g)
- _ 1 Prise Zucker
- _ 1 EL Olivenöl
- _ 150 ml passierte Tomaten
- _ Salz, Pfeffer
- _ 250 g Mozzarella
- _ ½ Töpfchen Basilikum
- _ Mehl zum Arbeiten

DAS KREATIVLABOR
(AN-)STÄNDIG BELEGT

EVERYTHING GOES

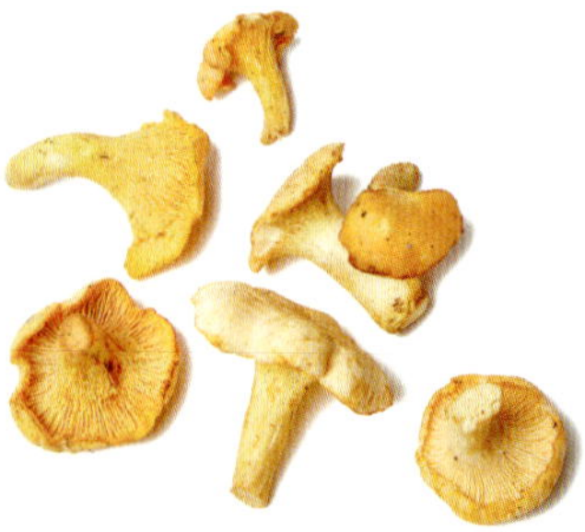

PFIFFERLINGE

RUCOLA

BLAUSCHIMMELKÄSE

Natürlich passen Klassiker wie Salami, gekochter Schinken oder Champignons immer als Pizzatopping – aber warum darf's nicht mal was Ausgefallenes sein? **Pfifferlinge** sind schmackhafter als Champignons, **Rucola** schmeckt würziger als Basilikum. Oder gib zum Schluss **Blauschimmelkäse** auf die Pizza – der Oberhammer!

PROBIEREN GEHT ÜBER STUDIEREN

Für hausgemachte **Pizza mit Meeresfrüchten** Garnelen oder Tintenfischstücke wie auf Seite 288 beschrieben vorgaren und mitbacken. Oder probier mal **vegetarische Pizza** mit Schafskäse und Peperoni statt Mozzarella und Basilikum oder mit kurz gegartem Blattspinat, Knoblauch und Parmesan ...

UNDER COVER

Für eine Calzone, eine gefüllte Pizza also, den Teig rund ausrollen und nur eine Hälfte belegen. Die andere Hälfte klappst Du darüber. Nun die Ränder festdrücken, damit nichts ausläuft. Nach Belieben die Calzone noch mit etwas Sauce bestreichen und mit weiterem Käse bestreuen, dann ca. 15 Min. backen.

VOILÀ!

/// Mach mal Flammkuchen – die partytaugliche »Pizza«!

FEUER UND FLAMME FÜR 'NE ELSÄSSER SPEZIALITÄT

Für ein großes Blech **Flammkuchen** 300 g ***Mehl*** mit 125 ml ***Mineralwasser***, 15 g zerkrümelte ***Hefe***, 1 EL ***Öl*** und 1 Prise ***Salz*** mischen. Alles durchkneten und anschließend den Teig, eingewickelt in Frischhaltefolie, ca. 30 Min. gehen lassen. Dünn ausrollen, dann aufs Blech damit! Nun den Teig dünn mit 100 g ***Schmand*** bestreichen und mit ***Zwiebelringen*** und ***Speckwürfeln*** belegen. Im vorgeheizten Backofen bei mindestens 240° backen, bis der Teig sichtbare Blasen geworfen hat.

HEISSER TIPP FÜR **BEGEISTERTE PIZZA-BÄCKER**

Wer öfters Pizza machen möchte, für den lohnt sich ein Pizzastein. Der wird bereits im Ofen vorgeheizt, während die Pizza noch im Entstehen ist. Durch die starke Hitzespeicherung im Stein wird der Pizzaboden gleich mit hoher Temperatur gebacken und dadurch schön kross. Mit dem Stein kannst Du Pizza sogar auch auf dem Grill zubereiten, vorausgesetzt, dieser hat einen Deckel. Ein paar Räucherchips oder -würzmischungen auf der Glut sorgen dann zusätzlich für völlig neue Geschmackserlebnisse.

DAS PRINZIP OMELETT

/// Ein paar Eier schnell in eine kleine Mahlzeit verwandeln – das gelingt in der richtigen Pfanne ganz leicht. Unser Omelett muss nicht einmal gewendet werden.

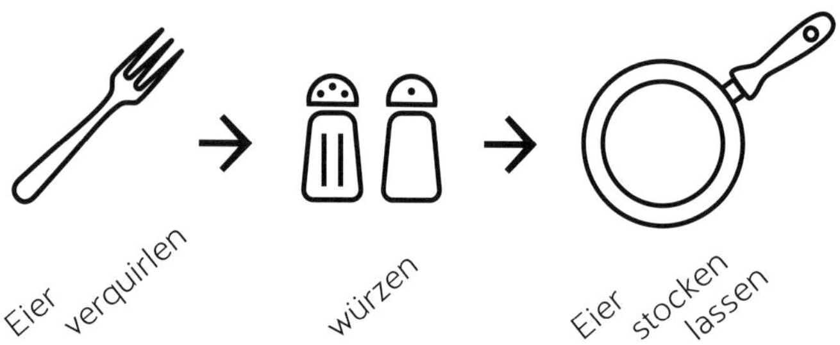

DER PROTOTYP OMELETT: Gutes Frühstück und schneller Snack! Hier würzen wir ganz einfach mit Salz, Pfeffer und Schnittlauchröllchen. Wer mag, greift noch zu Tomatenwürfeln, Paprika, Knoblauch, weiteren Kräutern, Speck oder Käse – ganz nach persönlichem Geschmack.

DAS PERFEKTE OMELETT BEGINNT MIT DER WAHL DER RICHTIGEN PFANNE. Sie ist im Idealfall beschichtet und hat keine Rillen oder Streifen wie etwa eine Grill- oder Steakpfanne. Wer eine Pfanne aus Edelstahl oder Eisen nimmt, sollte sie nie mit Spülmittel säubern. Das zerstört den Fettfilm auf der Oberfläche, dadurch kann das Omelett leichter anbacken. Beim Backen die Pfanne nicht hektisch rütteln, sondern die Eier einfach leicht stocken lassen, dann mit einer Gabel vorsichtig durchziehen und nicht wenden! Fertig ist das Omelett, wenn es sich unten gut löst und an der Oberfläche gerade gestockt ist.

IN DER HAUPTROLLE:

Am besten Bio- oder Freilandeier, die auf der Packung mit »0« bzw. »1« gekennzeichnet sind. Nach 4–7 Tagen Reifezeit schmecken sie am besten, nach 3–4 Wochen sollten sie aufgebraucht sein. Als Fett für die Pfanne ist Butter perfekt, sie bringt den besten Geschmack ans Omelett. Butterschmalz schmeckt zu »fettig«, Olivenöl im Zweifelsfall zu bitter. Die Eier nur locker verquirlen. Für ein luftiges »Schaumomelett« die Eier trennen, die Eiweiße zu Schnee schlagen und anschließend wieder unter die Eigelbe mischen.

SCHALENSTÜCKCHEN LASSEN SICH AM BESTEN MIT SCHALE HERAUSFISCHEN.

DER PROTOTYP OMELETT

4 PORTIONEN
10 MIN. ZUBEREITUNG
100 KCAL (PORTION)

1

4 Eier in eine Schüssel geben.

Salz und Pfeffer dazugeben und mit einer Gabel oder einem kleinen Schneebesen locker verquirlen.

2

½ Bund Schnittlauch waschen und in feine Röllchen schneiden.

3

1 EL Butter bei mittlerer Hitze in einer Pfanne schmelzen.

4

Eier stocken lassen

Die Eimasse in die Pfanne geben und ca. 1 Min. leicht stocken lassen. Dann einmal mit der Gabel durchrühren und mit den Schnittlauchröllchen bestreuen. Die Eimasse weiter stocken lassen, bis sich das Omelett an der Unterseite gut löst und an der Oberfläche gerade gestockt ist.

ZUTATEN

_ 4 Eier
_ Salz, Pfeffer
_ ½ Bund Schnittlauch
_ 1 EL Butter

DAS KREATIVLABOR

IN DIE PFANNE, FERTIG – LECKER!

SCHWARZROTGRÜN

OLIVEN

TOMATEN

KORIANDERGRÜN

Neben den klassischen Omelett-Zutaten wie **Tomaten, Schnittlauch** oder **Petersilie** kannst Du noch viele weitere Kräuter verwenden: **Basilikum, Dill** oder **Koriandergrün** bringen Abwechslung. Oder auch mal **Oliven** in feine Ringe schneiden oder hacken und untermischen.

KÄSE IST NICHT GLEICH KÄSE

Omelett schmeckt auch mit Käse gut! Wer's zart mag, nimmt **Mozzarella**, würzig wird's mit **Bergkäse** und schön intensiv aromatisch mit **Schafs- oder Ziegenkäse**. Die Käsesorten klein würfeln oder bröckeln und unter die Eiermasse geben, dann schmelzen sie gut.

ALLA ITALIANA

Für eine **Frittata** lässt Du Eier mit anderen Zutaten in der Pfanne oder im Backofen bei 200° in ca. 20 Min. offen stocken. In Italien macht man Frittata auch gern mit Oliven, roter Paprika, Pilzen und/oder gewürfelter Zucchini und würzt mit frischem Oregano oder Basilikum, Salz und Pfeffer. Klein geschnittenes Gemüse zunächst kurz anbraten, dann die Eiermasse dazugeben.

OLÉ!

/// In Spanien heißt das Omelett Tortilla und wird gern mit Kartoffeln gemacht.

WÜRFEL ODER SCHEIBEN?

Für eine **Kartoffel-Tortilla** 500 g ***festkochende Kartoffeln*** entweder in feine Würfel schneiden oder in sehr dünne Scheiben hobeln. 1 ***Zwiebel*** und 2 ***Frühlingszwiebeln*** in Ringe, 1 ***rote Paprikaschote*** in Würfel schneiden. In einer großen Pfanne ***Öl*** oder ***Butterschmalz*** erhitzen. Kartoffeln, Zwiebelringe und Paprikawürfel unter Rühren darin gleichmäßig anbraten, mit ***Salz***, ***Pfeffer*** und ***Paprika*** würzen. Alles in eine große Auflaufform geben, die mit Backpapier ausgekleidet ist. 3–4 verquirlte ***Eier*** darübergeben. Tortilla ca. 35 Min. im vorgeheizten Backofen bei 200° garen. Die Eier sollten gut gestockt und damit fest sein, damit die Tortilla sich schön schneiden lässt.

OMELETTS GIBT ES AUCH GEFÜLLT

Ein Beispiel dafür ist das **Bauernfrühstück**. Brate gegarte Kartoffelscheiben mit Zwiebeln, Rauchfleisch und Knoblauch in etwas Öl bei nicht zu starker Hitze an. In eine zweite Pfanne die Eimasse geben und nach knapp 1 Min. mit gehackten Kräutern und Tomatenstückchen bestreuen. Alles kurz stocken lassen, dann den Inhalt der ersten Pfanne auf einer Seite des Omeletts verteilen und die unbelegte Seite über die Füllung klappen. Dann das Omelett fertig garen.

DAS PRINZIP

PFANNKUCHEN

/// Eier-Mehl-Mischung, die in der Pfanne ruck, zuck zu Fladen gebraten wird. Diesmal mit Wenden – im Gegensatz zum Omelett.

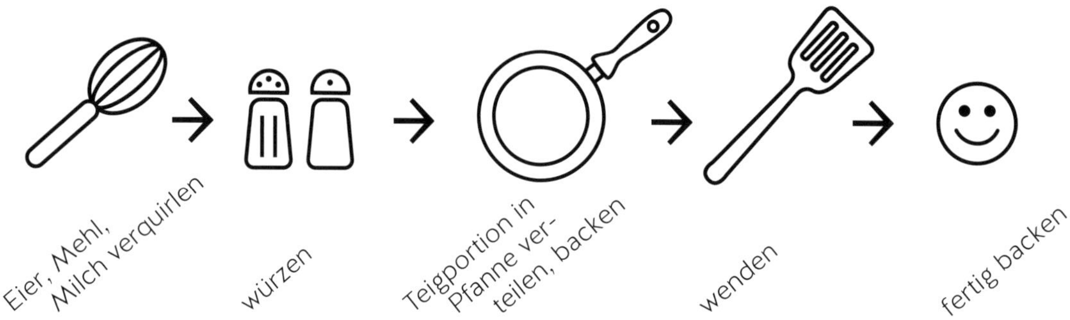

DER PROTOTYP PFANNKUCHEN: Egal ob sie Eierkuchen, Flädle, Eierpuffer, Plinsen oder Blini heißen, salzig oder süß gewürzt und mit Apfelmus, Marmelade oder Schinken serviert werden: Pfannkuchen sind so simpel, so günstig, so nahrhaft und so beliebt, dass sie in fast allen Ecken der Welt zu finden sind.

EIN PFANNKUCHEN IST SCHNELL GEBACKEN. Gib immer nur eine kleine Kelle mit der Milch-Eier-Mehl-Mischung in die Pfanne zum heißen Öl. Den flüssigen Teig dann sofort in der Pfanne schwenken, sodass der komplette Pfannenboden mit einem flachen Fladen bedeckt ist. Wenn der Teig fest wird und sich »Blasenlöcher« zeigen, den Fladen mit Schwung umdrehen und auf der anderen Seite kurz weiterbacken. Das Wenden fällt mit einem breiten Pfannenwender aus Kunststoff besonders leicht. Wie beim Omelett ist auch beim Pfannkuchen-Backen eine beschichtete Pfanne am besten geeignet.

IN DER HAUPTROLLE:

Eier, Mehl und Milch. Bei den Eier – wie beim Omelett – keine Eier aus Käfig- oder Bodenhaltung wählen, auch wenn sie billiger sind. Die gängigsten Mehlsorten für Pfannkuchen sind Type 405 oder 505. Damit gelingen besonders feine Fladen. Pfannkuchen schmecken aber auch interessant und würzig mit Mehl aus Buchweizen, Kastanien oder Kichererbsen – und sind damit auch glutenfrei. An der Zubereitung der Pfannkuchen ändert sich nichts. Eine große Auswahl an Mehlsorten bieten in der Regel Bioläden.

DASS DAS LEBEN SO GUT IST, VERDANKEN WIR NUR UNSEREM SCHÖPFER …

DER PROTOTYP PFANNKUCHEN

8 PFANNKUCHEN
20 MIN. ZUBEREITUNG
170 KCAL (STÜCK)

4

¼ l Milch

2 Eier

80 g Mehl

1 TL Zucker

Die Milch in eine Schüssel geben, die Eier dazugeben und mit einem Schneebesen oder einem elektrischen Quirl sorgfältig verquirlen. Das Mehl in kleinen Portionen unterrühren, es dürfen keine Klümpchen zu sehen sein. Dann den Zucker unterrühren, bei herzhaften Pfannkuchen evtl. weglassen.

2

15 Min. ruhen lassen

Den Teig für 15 Min. ruhen lassen. In ihm sind quellfähige Stoffe, die aufgehen sollen.

3

8 EL Öl

Pfannkuchen backen

Für den ersten Pfannkuchen 1 EL Öl in einer Pfanne bei mittlerer bis stärkerer Hitze erhitzen. 1 kleine Schöpfkelle Teig in die Pfanne geben und durch Schwenken darin so verteilen, dass ein dünner Fladen entsteht. Sobald der Teig beginnt, fest zu werden (es zeigen sich »Blasenlöcher«), den Fladen mit dem Pfannenwender umdrehen und auf der anderen Seite in 1–2 Min. ebenfalls goldbraun backen.

4

warm stellen

Den fertigen Pfannkuchen im Ofen bei 80° warm stellen. Dann in jeweils 1 EL Öl aus dem übrigen Teig 7 weitere Pfannkuchen wie beschrieben backen. Pfannkuchen dann sofort servieren.

ZUTATEN

_ ¼ l Milch
_ 2 Eier
_ 80 g Mehl
_ 1 TL Zucker
_ 8 EL Öl

DAS KREATIVLABOR
VIELE MÖGLICHKEITEN!

FRUCHTIG GEFÜLLT …

REIFE MANGO klein würfeln und mit gehackter Minze mischen

Mit **APRIKOSEN-KONFITÜRE**: Pfannkuchen bestreichen und dann aufrollen

… ODER HERZHAFT

HACKFLEISCH macht Pfannkuchen fast zu einer mexikanischen Tortilla

GEMÜSE wie Möhren oder Lauch in feine Streifen schneiden und andünsten

RESTEZAUBER

Übrig gebliebene Pfannkuchen als **Döner** servieren: Pfannkuchen dazu einfach mit Bratenresten, Zwiebeln, Tomaten, Salat und einer gewürzten Joghurtsauce füllen, zusammenklappen, reinbeißen. Ein Klassiker in Süddeutschland und Österreich ist **Pfannkuchensuppe**: Dafür aufgerollte Pfannkuchen mit dem Messer in Streifen schneiden und als Einlage in kräftige Rindfleisch- oder Gemüsebrühe geben.

SKIHÜTTENFEELING!

/// So wird Pfannkuchenteig zu einem Dessert zum Niederknien.

DAS IST WAHRES MEHLSPEISENGLÜCK

Für einen **Kaiserschmarrn (**einst erstmals für Kaiser Franz Joseph I. gemacht, den Gatten von Sissi) backst Du aus Pfannkuchenteig einen Fladen – etwa so dick wie ein Omelett. Den Teig dann mit einem Pfannenwender oder einem breiten Kochlöffel zerteilen und beim Weiterbacken mehrfach wenden. Er soll am Ende von allen Seiten richtig schön golden sein. Puderzucker darüberstreuen und mit Zwetschgenkompott oder Apfelmus servieren.

TRÈS DÉLICIEUX: **LES CRÊPES**

Verwende für die französische Spezialität beim Teig pro 150 ml ***Milch*** nur 50 g ***Mehl*** und 1 ***Ei***, er muss dünnflüssig sein. Am besten gelingen die Crêpes in einer eigens dafür entwickelten Pfanne ohne Rand. Eine sehr kleine Menge Teig wird darin mit einem speziellen hölzernen Stab, dem Teigrechen, extrem dünn ausgestrichen und nur kurz gebacken, dann gleich gewendet. Das fertige Produkt soll nicht goldbraun sein, sondern recht hell. Die Crêpes kannst Du mit Marmelade, Nuss-Nugat-Creme bestreichen oder auch herzhaft belegen.

DAS PRINZIP SPÄTZLE

/// Das Lieblingsessen im »Ländle« lässt sich in jeder Küche mühelos zubereiten, am einfachsten mit einem Spätzlehobel oder einer Presse.

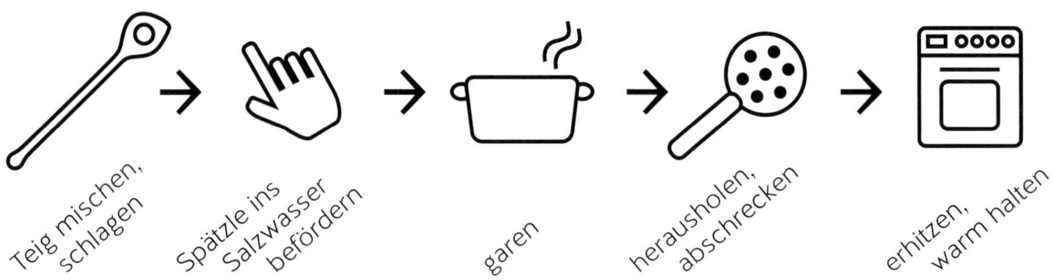

DER PROTOTYP SPÄTZLE: Ob in Streifen- oder Knöpfchenform oder als vom Brett geschabte Fetzen: Diese hausgemachten Teigwaren sind günstig, lecker und machen satt – und schmecken auch außerhalb der schwäbischen Grenze, zum Beispiel mit schmelzendem Käse vermischt, als Beilage oder einfach so mit etwas Butter.

DEN TEIG ANZURÜHREN, IST KEIN HEXENWERK. Die Menge lässt sich beliebig erweitern oder reduzieren, dabei jeweils 1 Ei pro 100 g Mehl nehmen. Kein Leitungswasser unterrühren! Mit Mineralwasser wird der Teig fluffiger. Den fertigen Teig schaben geübte Spätzlemacher mit einem Messer vom Brett ins Wasser. Schneller geht's allerdings mit einem Spätzlehobel oder einer Presse (siehe Seite 101). Übrigens: Die verwendeten Utensilien werden in kaltem Wasser leichter sauber als mit heißem Wasser, weil die Stärke sich so besser löst.

IN DER HAUPTROLLE:

Eier, Mehl, Wasser, Salz – das war's auch schon! Am besten gelingt der Teig mit speziellem Spätzlemehl, das etwas griffiger, also gröber vermahlen ist. Das bekommst Du in größeren Supermärkten (auf der Packung steht »Spätzlemehl« ohne Typen-Kennzeichnung), wenn nicht, kannst Du das Standardmehl Type 405 verwenden. Dann misch es aber am besten mit ein paar Löffeln Grieß. Es gibt auch Dinkel-Spätzlemehl. Die Spätzle werden damit etwas fester und dunkler.

HA DES DO HANNA ISCH EN SPÄTZLEHOBEL!

DER PROTOTYP
SPÄTZLE

4 PORTIONEN
30 MIN. ZUBEREITUNG
420 KCAL (PORTION)

1

400 g (Spätzle-)Mehl

4 Eier

Salz

150 ml Mineralwasser

Das Mehl in eine Schüssel sieben, die Eier dazugeben. 1 TL Salz darüberstreuen. Nach und nach das Mineralwasser dazugießen und dabei mit einem Kochlöffel alles zu einem glatten Teig rühren bzw. schlagen, bis ein zäher Teig entsteht, der Blasen wirft.

2

Ofen vorheizen

Den **Backofen auf 180°** vorheizen. Eine ofenfeste Schüssel hineingeben.

3

Spätzle garen

In einem mittelgroßen Topf Wasser aufkochen und salzen. Den Teig portionsweise in einen Spätzlehobel geben und ins heiße Wasser hobeln.

4

Eine Schüssel mit kaltem Wasser bereitstellen. Nach maximal 2 Min. Garzeit die Spätzle mit einem Schaumlöffel aus dem kochendheißen Wasser herausholen, kurz in das kalte Wasser tauchen und dann in die Schüssel im heißen Ofen geben. Dort die Spätzle erneut erhitzen und warm halten, bis alle Spätzle fertig sind.

ZUTATEN

- 400 g (Spätzle-)Mehl
- 4 Eier
- Salz
- 150 ml Mineralwasser

DAS KREATIVLABOR
MACH SPÄTZLE FÜRS SCHÄTZLE!

AUCH BEIM SPÄTZLETEIG **DARF MUTIG VARIIERT WERDEN**

Kräuterspätzle mit fein gehackter Petersilie, Kerbel, Koriandergrün oder auch Thymian sind besonders lecker. Rosmarin und Salbei vorsichtig dosieren, die Kräuternote kann schnell zu intensiv werden. Auch TK-Spinat lässt sich prima unter den Teig mischen. Spinat auftauen und gut abtropfen lassen, dann sehr fein hacken oder pürieren.

>>

TRAU DICH

KÜRBISSPÄTZLE
+++ HERBST-HIT

300 g ***Hokkaido-Kürbis*** würfeln, in maximal 250 ml leichter ***Gemüsebrühe*** weich garen und dann pürieren. Kürbispüree etwas abkühlen lassen, dann unter den Teig des Grundrezepts mischen. Durch den weich gegarten Kürbis wird der Teig nicht ganz so fest, lässt sich deshalb nicht vom Brett schaben – hier eignen sich auf jeden Fall Presse und Hobel besser.

Der Klassiker

/// *Schnell gemachter Veggie-Liebling*

lecker...

Für Käsespätzle die Spätzle wie beim Prototyp beschrieben zubereiten. 150 g würzigen ***Bergkäse*** reiben. Auf die frisch gegarten und abgeschreckten Spätzle jeweils etwas Käse streuen, wenn Du sie in die Schüssel im Backofen gibst. Im Ofen schmilzt der Käse und verbindet sich mit den Spätzle. Zum Schluss 2–3 ***Zwiebeln*** in Ringe schneiden, in Butter bei schwacher Hitze goldbraun braten und die fertigen Käsespätzle damit krönen.

FÜR SPÄTZLEKÖCHE →→→ **HANDWERKSZEUG**

Um den Teig als Spätzle ins kochende Wasser zu bringen, hast Du drei Möglichkeiten: In Haushaltswarenläden findest Du die **Spätzlepresse**, die auch fürs Durchpressen von Kartoffeln geeignet ist. Der Teig wird portionsweise hereingegeben und durchgedrückt. Beim **Spätzlehobel** wird der Schlitten mit Teig gefüllt, dann auf der Schiene über dem Topf hin- und hergefahren. Die klassische Methode, **Spätzle vom Brett** zu schaben, ist etwas übungsbedürftig: Hier gibst Du einen Teigklecks auf ein Brett und streichst ihn mit dem Messer oder Schaber flach. Dann die Spätzle als feine Streifen vom Brett ins Wasser schubsen.

DAS PRINZIP

R!SOTTO

/// Risotto-Reis wird glasig angedünstet, mit heißer Brühe aufgegossen und unter häufigem Rühren gegart – mit herrlich cremigem Ergebnis.

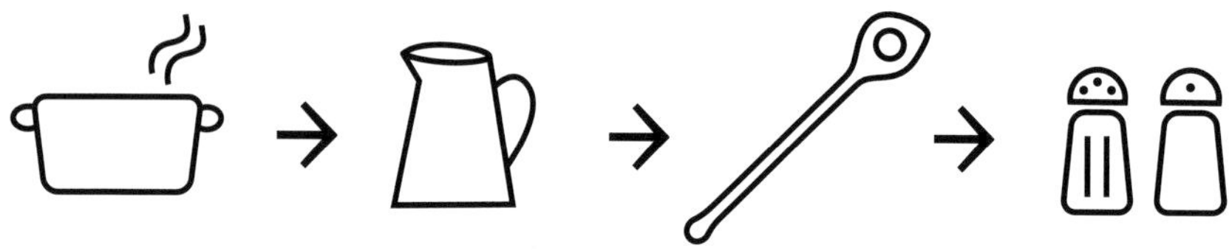

DER PROTOTYP ROSMARIN-RISOTTO: Wird ganz schlicht mit etwas Rosmarin gewürzt und schmeckt nicht nur als Beilage, sondern auch pur wunderbar. Denn unser Rosmarin-Risotto ist am Schluss so, wie typischer Risotto sein soll: schön sämig, cremig und saftig glänzend.

WICHTIG FÜRS GELINGEN: Die nach und nach angegossene Brühe muss heiß sein, damit der Risotto stets auf Temperatur bleibt. Und Du solltest die Hitze nicht zu stark einstellen, sonst brennt Dein Risotto an. Es muss immer eine gewisse Feuchtigkeit im Topf sein. Zunächst werden Zwiebeln und Reis in Fett eingerührt und erhitzt, sodass sie glänzen und leicht glasig aussehen. Dann den Wein und nach und nach die Brühe angießen und einköcheln, bzw. von den Reiskörnern aufsaugen lassen. Sobald der Reis trocken aussieht, ist es Zeit für eine weitere Kelle Brühe. Ach ja: Rühren nicht vergessen!

IN DER HAUPTROLLE:

Spezieller Risotto-Reis, den es bei uns meist in den Sorten Arborio, Vialone oder Carnaroli gibt. Keinesfalls den bei uns für Milchreis üblichen Rundkorn-Reis verwenden! Damit wird Risotto eher pampig statt cremig. Parmesan darf beim Risotto nicht fehlen. Ob Grana Padano oder Parmigiano-Reggiano: Für bestes Aroma den Käse am Stück kaufen und frisch reiben oder hobeln. Parmesan gegen Ende mit dem Kochlöffel unterziehen, wenn der Risotto cremig ist, die Körnchen aber noch etwas Biss haben.

RISOTTO IST EINE ECHT RÜHRENDE ANGELEGENHEIT …

DER PROTOTYP

ROSMARIN-RISOTTO

4 PORTIONEN
30 MIN. ZUBEREITUNG
430 KCAL (PORTION)

1

1 Zwiebel und **1 Knoblauchzehe** schälen und fein hacken.

70 g Parmesan fein reiben.

Von **1 Zweig Rosmarin** die Nadeln abstreifen und fein hacken.

2

3 EL Butter

250 g Risottoreis

andünsten

In einem breiten Topf oder einer Pfanne die Butter schmelzen und darin die Zwiebel bei mittlerer Hitze in 3–4 Min. glasig andünsten. Den Knoblauch dazugeben, dann den Reis einrühren, bis er glänzt.

3

1 Lorbeerblatt

100 ml Weißwein

1 l Hühner- oder Gemüsebrühe

Das Lorbeerblatt hinzufügen. Den Weißwein dazugießen und bei schwacher Hitze einköcheln lassen, dabei immer rühren. Ist kaum noch Flüssigkeit im Topf, 1–2 Kellen Brühe angießen und diese wieder einköcheln lassen. Dabei stets gut rühren, sodass nichts am Topfboden anbacken kann. Dieses Angießen mehrfach wiederholen, bis nach ca. 20 Min. der Reis gar ist, aber noch etwas Biss hat.

4

Unter den fertigen Risotto **3 EL Butter**, den gehackten Rosmarin sowie den geriebenen Parmesan unterziehen. Risotto mit **Salz** und **Pfeffer** abschmecken und sofort servieren.

ZUTATEN

_ 1 kleine Zwiebel
_ 1 Knoblauchzehe
_ 70 g Parmesan
_ 1 kleiner Zweig Rosmarin
_ 6 EL Butter
_ 250 g Risottoreis
_ 1 Lorbeerblatt
_ 100 ml Weißwein
_ 1 l Hühner- oder Gemüsebrühe
_ Salz, Pfeffer

DAS KREATIVLABOR
RISOTTO CREATIVO

GEILE ABZWEIGUNGEN

MIT KRÄFTIGEM FOND

MIT STEIN-PILZ-AROMA

MIT ROTE-BETE-SAFT

Mit der Wahl der Kochflüssigkeit lässt sich der Geschmack des Risotto entscheidend beeinflussen: Die neutrale **Gemüsebrühe** passt überall. **Fischfond** macht ein Meeresfrüchterisotto perfekt. Für ein Pilzrisotto verwende das **Einweichwasser von getrockneten Steinpilzen**, es ist nachhaltig würzig. Wer Farbe mag, greift zum **Rote-Bete-Saft.**

DASISSOWASVONGENIALLECKER

Für ein Tomatenrisotto 1 EL Tomatenmark unter den Reis rühren, wenn der Wein gerade einköchelt. Nach 10 Min. Garzeit 5–6 gehackte, in Öl eingelegte getrocknete Tomaten unterziehen und ganz am Ende, in den letzten 2–3 Min., geviertelte Cocktailtomaten dazugeben – sie bringen über die Säure einen echten Frischekick!

TAUSCH-TIPP

Warum immer nur Reis nehmen? »Risotto« geht auch gut mit **Grünkern,** profitiert dann von seinem nussigen Geschmack. Am besten das Getreide als mittelfeinen Schrot kaufen. Der Grünkern ist dann – in Tomatensaft und Wasser gegart – in 10 Min. fertig.

WHOW!

/// Schwarz gefärbter Reis, Fenchel und Seafood – warum nicht?

BLACK BEAUTY

UNGEWÖHNLICH UND UNGLAUBLICH GUT!

Ziemlich exotisch ist ein **Meeresfrüchte-Risotto**, der mit Sepiatinte (die gibt es beim Fischhändler) schwarz gefärbt wird. Als Flüssigkeit statt Gemüse- oder Hühnerbrühe einen Fischfond nehmen, ansonsten den Risotto wie beim Prototyp zubereiten, die Sepiatinte schon gleich mit dem Wein dazugeben. Du kannst zusätzlich noch gewürfelten Fenchel andünsten. Hol Dir beim Fischhändler ein paar küchenfertige (also auch entdarmte) Garnelen, einen kleinen Kalmar und ein paar Muscheln. Garnelen und Kalmar in mundgerechte Stücke schneiden und zusammen mit den vorgegarten Muscheln in den letzten 7–8 Min. zum Reis geben.

AUS DER HEIMWEHKÜCHE: **MILCHREIS**

So kannst Du Kindheitserinnerungen wecken: 1 l ***Milch*** in einen Topf geben, dazu 250 g ***Rundkornreis***, 1 Prise ***Salz*** und das ausgekratzte Mark von ½ ***Vanilleschote***. Alles unter Rühren aufkochen, dann die Hitze herunterschalten und den Reis zugedeckt bei mehrmaligem Umrühren gar ziehen lassen. Mit 2–3 EL ***Zucker*** abschmecken und mit ***Zimtpulver*** bestreut sowie mit frischem Obst oder Kompott servieren.

DAS PRINZIP
COUSCOUS

/// Unkomplizierte und schnelle Alternative zu Reis und Nudeln: Der grobkörnige Couscous muss nur mit Wasser übergossen werden.

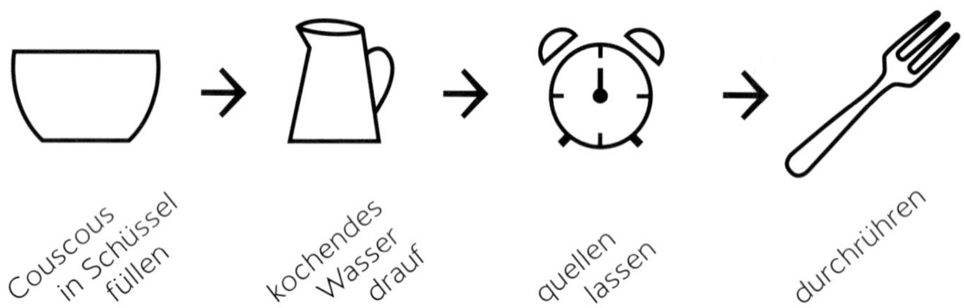

DER PROTOTYP COUSCOUSSALAT: Couscous ist aus Nordafrikas Küche nicht wegzudenken – als Beilage, Snack oder Hauptgericht. Wir lieben ihn als Salat mit viel frischen Kräutern und buntem Gemüse.

IM NU IST INSTANT-COUSCOUS FERTIG: Die Körner einfach mit kochendem Wasser übergießen. Nicht mal ein Topf wird dafür benötigt, wenn das Wasser aus dem Kocher kommt. Couscous kurz quellen lassen und dann rasch mit einer Gabel durchrühren, damit nichts klumpt. Bei kleineren Mengen ist das ganz fix erledigt. Machst Du eine große Portion für viele, rühre sorgfältiger durch, damit sich keine Klumpen bilden.
Für mehr Cremigkeit kannst Du ein paar Butterstückchen untermischen, das Fett löst die Körner besser voneinander. Auch mit einem Schuss Olivenöl klappt das sehr gut.

IN DER HAUPTROLLE:

Grieß aus Hartweizen, manchmal auch aus Gerste oder Hirse. Wir machen es uns einfach und kaufen industriell hergestellten Instant-Couscous, der bereits vorgegart und dann wieder getrocknet wurde. Das hat den Vorteil, dass er nicht kochen, sondern nur noch quellen muss. Die traditionelle Methode braucht viel mehr Zeit: In Nordafrika wird Grieß mit etwas Mehl und Salzwasser besprenkelt. Die dabei entstehenden Klumpen werden mit den Händen fein zerrieben und dann in der Sonne getrocknet.

DER PROTOTYP
COUSCOUSSALAT

4 PORTIONEN
35 MIN. ZUBEREITUNG
10 MIN. RUHEN
320 KCAL (PORTION)

1

1 Möhre putzen, schälen und in feine Würfel schneiden.

3 Tomaten waschen, und in feine Würfel schneiden.

½ Bund Koriandergrün waschen. Die Blättchen hacken.

1 walnussgroßes Stück Ingwer und **1 Knoblauchzehe** schälen und fein würfeln.

2

1 Bio-Orange und **1 Bio-Zitrone** heiß waschen. Die Schale abreiben. Den Saft auspressen.

3 EL Olivenöl, 2 EL Essig, Salz, Pfeffer, ½ TL 5-Gewürze-Pulver, 1–2 Msp. Kurkuma mit Orangensaft und -schale, Zitronensaft und -schale, Ingwer und Knoblauch in ein Schraubglas geben. Glas verschließen und gut schütteln.

3

250 g Couscous

500 ml Wasser sprudelnd aufkochen und salzen. Couscous in eine Schüssel füllen, sofort mit dem kochenden Salzwasser übergießen und 10 Min. quellen lassen. Couscous mit einer Gabel durchrühren, dann etwas abkühlen lassen.

4

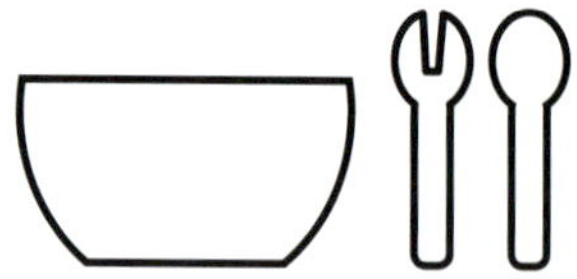

Salat mischen

Möhren und Tomaten zum Couscous geben, das Dressing aus dem Glas darübergießen und alles gut vermischen. Salat 5–10 Min. ziehen lassen, dann nochmals abschmecken und mit Koriandergrün bestreuen.

ZUTATEN

- 1 Möhre
- 3 kleine Tomaten
- ½ Bund Koriandergrün
- 1 walnussgroßes Stück Ingwer
- 1 Knoblauchzehe
- je 1 Bio-Orange und -Zitrone
- 3 EL Olivenöl
- 2 EL Essig
- Salz, Pfeffer
- ½ TL 5-Gewürze-Pulver
- 1–2 Msp. Kurkuma
- 250 g Instant-Couscous

DAS KREATIVLABOR
ORIENTAL HIGH

COUSCOUS-SALAT AUFPEPPEN – FRISCH UND PARTYTAUGLICH

Zucchini-, Staudensellerie- und/oder bunte Paprikawürfel machen sich ebenso gut im Salat wie geviertelte Cocktailtomaten in verschiedenen Farben. Das klein geschnittene Gemüse einfach statt Möhren und Tomatenwürfel unterrühren.

KARIBIKFEELING
Statt Orangen- und Zitronensaft im Dressing mal Ananassaft ausprobieren!

\>>

TRAU DICH

QUINOA-SCHMARRN
+++ FRÜHSTÜCKS-ENTDECKUNG

Superfood für Morgenmuffel: Für einen **Quinoa-Schmarrn** 400 ml ***Milch*** aufkochen und 40 g ***Quinoa*** dazugeben, salzen und unter gelegentlichem Rühren 30 Min. quellen lassen. Abkühlen lassen, mit abgeriebener ***Bio-Zitronenschale*** würzen und in der Pfanne in etwas ***Öl*** wie einen Kaiserschmarrn (siehe Seite 95) anbraten. Dazu gibt es ein Kompott mit frischen Früchten oder Apfelmus.

Grüße aus dem Orient

/// Natürlicher Couscous-Partner: Lamm

lecker...

Für ein schnelles Lammragout 3–4 ***Lammlachse*** (das sind die ausgelösten Rückenteile) in kleine Würfel schneiden und in ***Olivenöl*** rundum anbraten. Dann 3–4 gewürfelte ***Schalotten*** dazugeben. Alles mit ***Salz***, ***Pfeffer***, ***Ras el-Hanout***, ein wenig ***Kurkuma*** und ***Harissa (Chilipaste)*** würzen, evtl. noch 1 Handvoll ***Cocktailtomaten*** dazugeben und mit etwas ***Fond (Rind oder Wild)*** und/oder ***Rotwein*** ablöschen. Das Fleisch zugedeckt bei mittlerer Hitze 12–15 Min. schmoren lassen und mit Couscous servieren.

AUCH GUT →→→ **KERNIGE ALTERNATIVEN**

Menschen, die unter Glutenunverträglichkeit leiden, schwören seit einiger Zeit auf **Quinoa**, die Samen einer in den Anden beheimateten Kulturpflanze, die eher mit Spinat und Rüben verwandt ist als mit Getreide. Dennoch kann Quinoa als gleichwertiger Ersatz für Reis oder Weizen herhalten, genau wie **Amaranth. Bulgur** ist vorgegarter Weizen und kann ebenso wie Couscous zubereitet oder auch wie Reis gekocht werden.

IN MEINER KÜCHE WIRD GETANZT

DAS PRINZIP PUFFER

/// Geraspelte Kartoffeln oder andere Gemüse werden in der Pfanne zu knusprigen Fladen gebraten.

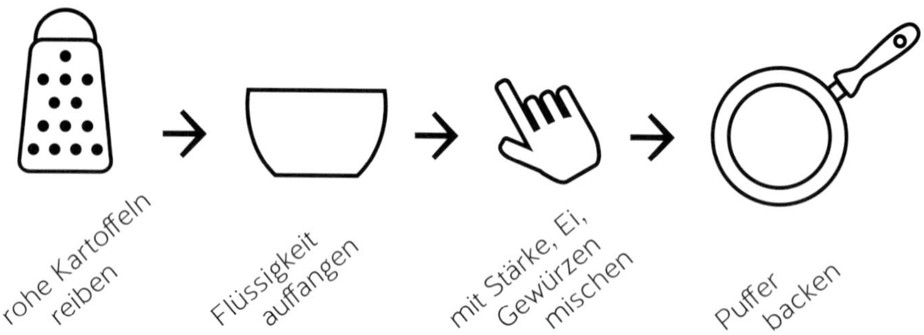

DER PROTOTYP KARTOFFELPUFFER: Sie werden auch Reiberdatschi oder Reibekuchen genannt und sind – außen kross und innen saftig – einfach unwiderstehlich. Beginnt man erst einmal, sie zu essen, ist ans Aufhören kaum noch zu denken.

DER CLOU BEI DER HERSTELLUNG: Die rohen Kartoffeln direkt in ein Sieb raspeln, kräftig ausdrücken und dabei die Flüssigkeit in einer Schüssel auffangen. Die Kartoffelstärke setzt sich nun weißlich am Boden ab, und wir geben sie nach vorsichtigem Abgießen der übrigen Flüssigkeit wieder zu den Kartoffeln. Damit haften die Raspeln besser aneinander. Profis legen das Sieb vorher mit einem Mulltuch aus. So lassen sich die Raspeln noch leichter ausdrücken. Zum Braten Puffer portionsweise in heißes Fett geben und flach drücken. Sind sie zu dick, werden sie außen zu dunkel und sind innen noch nicht durch.

IN DER HAUPTROLLE:

Kartoffeln. Mehligkochende enthalten mehr Stärke als festkochende, deshalb sind sie für Puffer besonders gut geeignet. Natürlich ist es clever (und schonend für die Fingerkuppen), mit eher größeren als kleineren Kartoffeln zu hantieren. So lassen sie sich schneller und leichter schälen und reiben. Für guten Zusammenhalt der Raspeln sorgt neben der Kartoffelstärke auch noch ein Ei. Der untergemischte Joghurt macht die Puffer etwas fluffiger und cremiger, er ist aber nicht unbedingt notwendig.

VERPASS DEN KARTOFFELN ’NE GUTE ABREIBUNG

DER PROTOTYP KARTOFFELPUFFER

4 PORTIONEN
1 STD. ZUBEREITUNG
340 KCAL (PORTION)

1

1,2 kg Kartoffeln

in ein Sieb raspeln

Die Kartoffeln schälen und mit einer Reibe in ein Sieb über einer Schüssel raspeln. Die Raspel gut ausdrücken, die Flüssigkeit dabei auffangen. Nach kurzer Zeit bereits setzt sich die Stärke am Boden ab. Die darüberstehende Flüssigkeit abgießen und die Stärke zu den Kartoffeln geben.

2

2 EL Naturjoghurt, 1 Ei, ca. 1 EL Speisestärkepulver, Salz, Pfeffer und **1 Prise frisch geriebene Muskatnuss** zu den Kartoffeln geben und gut durchmischen.

3

6 EL Öl

Puffer braten

Für die erste Portion Puffer 2 EL Öl in einer großen Pfanne erhitzen. 2–3 Kleckse Kartoffelmasse in die Pfanne geben, mit dem Pfannenwender flach drücken und in 2–3 Min. an der Unterseite goldbraun braten. Dann die Puffer wenden und weitere 2–3 Min. braten. Fertige Kartoffelpuffer aus der Pfanne nehmen. Aus der übrigen Masse ebenso in jeweils 2 EL Öl weitere Kartoffelpuffer braten, bis alles aufgebraucht ist. Puffer am besten frisch aus der Pfanne essen.

ZUTATEN

- 1,2 kg mehligkochende Kartoffeln
- 2 EL Naturjoghurt
- 1 Ei
- 1 EL Speisestärke
- Salz, Pfeffer
- Muskatnuss
- 6 EL Öl

DAS KREATIVLABOR
PUFFER MAL ANDERS!

DA GEHT WAS

MIT MÖHREN

MIT KÜRBIS

MIT SELLERIE

Langweilig war mal, jetzt wird ausprobiert! Z. B. Möhren, Kürbis oder Knollensellerie mit der Reibe raspeln und entweder pur wie beim Prototyp gezeigt verarbeiten – oder zur Hälfte mit Kartoffeln mischen, ganz nach Laune. Feste Gemüsesorten sind am besten geeignet.

UND DAZU?

Zu Kartoffelpuffern wird klassisch Apfelmus serviert, doch auch Tomatensalsa, Krabbencreme oder ein Frischkäsedip passen super. Besonders fein: Kartoffelpuffer mit Kräuterschmand (z. B. Dill, Schnittlauch) und Räucherlachs.

AUF EIS

Wenn Du schon mal am Puffern bist, kannst Du gleich ein paar Portionen mehr machen: Die Puffer wie beschrieben zubereiten, allerdings nicht ganz durchbraten, höchstens knapp 2 Min. pro Seite. Dann aus der Pfanne nehmen, abkühlen lassen und in TK-Beuteln auf Vorrat einfrieren. Nach dem Auftauen einfach fertig braten – die Puffer schmecken wie frisch gemacht!

GRÜEZI!

/// Wo es um Kartoffelpuffer geht, da können Rösti nicht weit sein.

RÖSTI VS. PUFFER

Rösti können – im Gegensatz zu unseren Puffern – aus rohen wie aus vorgegarten Kartoffeln gemacht werden. Und sie benötigen weder Ei noch Mehl zur Bindung, sondern beziehen diese allein aus der Stärke der Kartoffeln. Was wiederum in der Herstellung die ganze Abmesserei von weiteren Zutaten wegfallen lässt. In der Schweiz, wo Rösti eine Art Nationalgericht sind, werden Rösti gern pfannengroß gebacken, und es gibt viele Varianten: Emmentaler Rösti enthalten auch Speck, und beim Berner Rösti gibt man etwas Milch über die fertigen Puffer und bäckt sie nochmals auf beiden Seiten. Sollen in der Schweiz die Rösti zu einem Gericht mit Sauce gereicht werden, etwa zu Zürcher Geschnetzeltem, nimmt man für Rösti gegarte Kartoffeln. Denn damit werden sie weicher und können mehr Sauce aufnehmen.

NOCH'N GEDICHT: **MISCHMASCHPUFFER**

Als Beilage oder kleiner Snack: Reibe je 200 g ***Kartoffeln***, ***Zucchini*** und ***Kohlrabi***, mische die Raspel und menge 2 ***Eier*** und etwas ***Speisestärke*** darunter. Würze alles, wie Du gerade lustig bist, z. B. mit ***Currypulver*** oder ***Cayennepfeffer***. Für eine orientalisch inspirierte Pufferversion die Gemüseraspel mit einer Gewürzmischung wie ***Ras el-Hanout*** aromatisieren. Die Puffer dann wie beim Prototyp beschrieben backen.

DAS PRINZIP

BRATKARTOFFEL

/// Knusprige Kartoffelscheiben aus der Pfanne – so braten sie perfekt, ohne fettig zu werden.

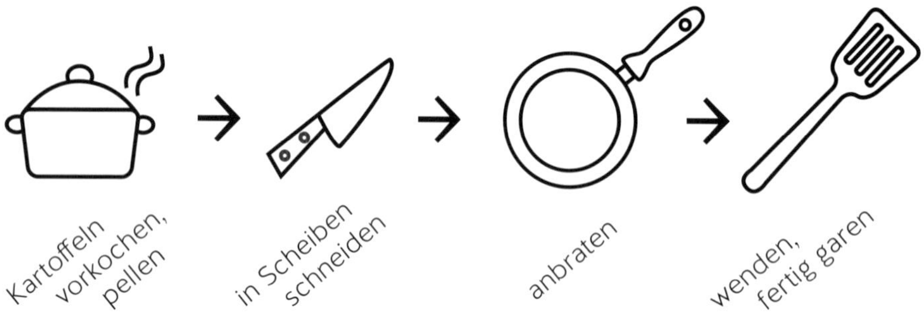

DER PROTOTYP BRATKARTOFFELN: Sie sind im Grunde einfach zu machen – und dennoch gelten sie fast als eine Art Königsdisziplin in der Küche. Nicht wenige Sterneköche geben, gefragt nach ihrem Lieblingsessen, das sie nicht selbst zubereiten, »gute« Bratkartoffeln an.

AM BESTEN GEKOCHTE KARTOFFELN VOM VORTAG VERWENDEN! Dann sind sie gut abgekühlt, lassen sich besser in dünne Scheiben schneiden und werden beim Braten schön knusprig. Die Scheiben erst in die Pfanne legen, wenn das Fett heiß ist, dann bei mittlerer Hitze braten. Schwere Pfannen aus Eisen oder Gusseisen sind besonders gut geeignet, sie halten die Hitze besser als leichte, beschichtete Pfannen. In jedem Fall die Pfanne nicht überladen, die Scheiben sollen möglichst nebeneinander, nicht übereinander darin liegen. Evtl. Kartoffeln in zwei Portionen braten, die erste Portion im Ofen warm halten.

IN DER HAUPTROLLE:

Festkochende Kartoffeln! Mehlige würden durch ihre Konsistenz matschig werden, weil die gegarten Scheiben zu leicht auseinanderbröseln. Zum Anbraten am besten Butterschmalz verwenden. Es besteht zu fast 100 Prozent aus (geklärter) Butter und lässt sich hoch erhitzen, ohne zu verbrennen. Damit werden die Kartoffelscheiben besonders schmackhaft. Du kannst auch ein einfaches neutrales Öl nehmen. Olivenöl entwickelt beim Braten viel Eigengeschmack – für eine mediterrane Variante empfehlenswert.

GO FOR THE YOUNG ONES. AUCH BEI KARTOFFELN IST FRISCHE GUT.

DER PROTOTYP
BRATKARTOFFELN

4 PORTIONEN
25 MIN. ZUBEREITUNG
130 KCAL (PORTION)

1

600 g festkochende Kartoffeln am Vortag bissfest in 20–25 Min. garen, ausdampfen lassen und pellen. Mit Frischhaltefolie bedeckt im Kühlschrank lagern.

2

Am nächsten Tag die Kartoffeln in Scheiben von 3–4 mm Dicke schneiden.

3

2 EL Butterschmalz

Anbraten

Salz & Pfeffer

Das Butterschmalz bei mittlerer Hitze in einer großen Pfanne erhitzen. Die Kartoffelscheiben so nebeneinander einlegen, dass möglichst alle Scheiben Kontakt zum Pfannenboden haben. Nicht rütteln oder rühren, sondern die Kartoffelscheiben in Ruhe anbacken und in 3–5 Min. an der Unterseite leicht bräunen lassen. Dann mit dem Pfannenwender vorsichtig wenden und auf der anderen Seite in 3–5 Min. leicht bräunen lassen. Dies noch zwei- bis dreimal wiederholen, zwischendurch die Scheiben salzen und pfeffern. Nach ca. 20 Min. sind die Kartoffeln fertig.

4

4 Stängel Petersilie waschen. Die Blättchen hacken. Die Bratkartoffeln nochmals mit Salz und Pfeffer abschmecken und mit der gehackter Petersilie bestreuen.

ZUTATEN

- 600 g festkochende Kartoffeln
- 2 EL Butterschmalz
- Salz, Pfeffer
- 4 Stängel Petersilie

ICH BRATE, ALSO BIN ICH

UND ... SCHNITT! **EIN KLEINES BISSCHEN FREMDGEHEN**

KNUSPER-KOHLRABI

KNUSPER-SELLERIE

KNUSPER-RÜBCHEN

Gleicher Look, andere Ausgangsbasis, überraschender Geschmack – nach dem Bratkartoffel-Prinzip funktionieren auch Brat-Kohlrabi, -Sellerie oder -Rüben, z. B. weiße Rüben oder Steckrüben. Die Gemüse putzen, schälen und in kochendem Wasser im Ganzen knapp durchgaren, dann abgekühlt in Stücke oder Scheiben schneiden und bei mittlerer Hitze in Butter oder Öl wie Bratkartoffeln knusprig anbraten .

>>

TRAU DICH

BRATKARTOFFELN
+++ FÜR SPONTANE

Natürlich kannst Du Bratkartoffeln auch aus rohen Kartoffeln machen. Hierfür die Kartoffeln waschen, schälen und in kleinere Würfel oder in feine Scheiben schneiden. In heißem Fett in einer Pfanne bei sehr schwacher Hitze schön knusprig braun braten – und erst wenden, wenn sie von der einen Seite schon etwas angebacken sind. Das dauert insgesamt ca. 15–20 Min.

Country-Style
/// Bratkartoffeln aus dem Ofen

Mund auf!

Kartoffeln vom Blech sind ganz unkompliziert: ***Kartoffeln*** gründlich waschen, aber nicht schälen, trocken tupfen und in Schnitze oder Würfel schneiden. Die Kartoffeln werden dann nebeneinander auf ein mit Backpapier ausgelegtes Blech gelegt. Ein paar Spritzer ***Olivenöl*** darübersprenkeln, nicht zu knapp grobes ***Meersalz*** darüberstreuen und ein paar Zweige ***Rosmarin*** dazulegen. Im Backofen bei 200° in ca. 40 Min. backen.

ECHT LECKER →→→ **MIT ZWIEBELN & SPECK**

Bevor Du die vorbereiteten Kartoffeln in die Pfanne gibst, zunächst mal 1 dickere Scheibe ***Räucherspeck*** (ohne Schwarte) und 1 ***Zwiebel*** klein würfeln. Die Speckwürfel in der heißen Pfanne auslassen, Du brauchst dann kein zusätzliches Öl mehr. Jetzt die Zwiebeln dazugeben und beides bei schwacher bis mittlerer Hitze glasig bis leicht goldbraun braten. In einer Schüssel zwischenlagern, nun die ***Kartoffeln*** braten, gegen Ende Speck und Zwiebeln dazugeben und noch 3–4 Min. mitbraten.

DAS PRINZIP

QUICHE

/// Ein herzhaft belegter und gebackener Mürbeteig, der sich wunderbar vorbereiten und ganz nach Geschmack variieren lässt.

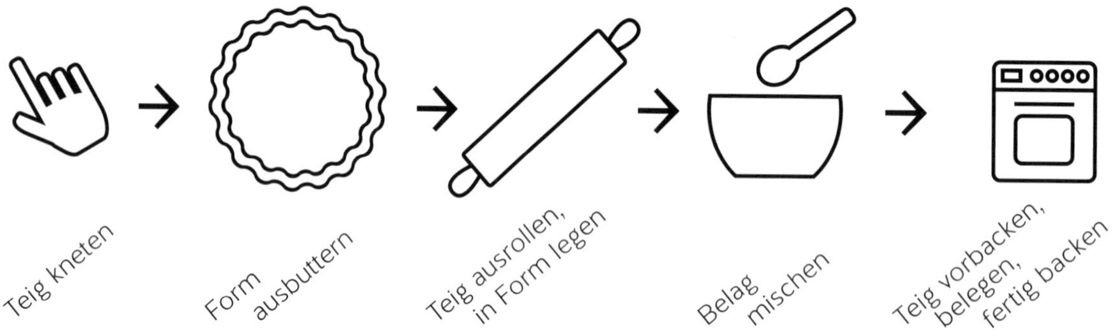

DER PROTOTYP QUICHE LORRAINE: Wie der Name sagt, stammt das Gericht von unseren französischen Nachbarn aus Lothringen. Es ist ein einfaches, bäuerliches Essen, ein herzhaft belegter Kuchen, der kalt und warm schmeckt. Gerne auch mit Salatbegleitung.

QUICHE AM BESTEN IN EINER TARTEFOM BACKEN. Sie ist rund mit nicht sehr hohem Rand und meist aus Porzellan oder Steingut. Wer keine Tarteform besitzt, nimmt einfach eine runde Springform aus Metall. Die Form in jedem Fall gründlich mit weicher Butter ausstreichen, damit sich die Quiche später gut von Rand und Boden löst. Nur Mut zur Handarbeit! Wer pingeliger ist, fasst die Butter mit einem Stück Küchenpapier an. Zum perfekten Vorbacken den Teig mit Backpapier bedecken und mit getrockneten Bohnen oder Linsen belegen. Das lässt den Boden schön flach bleiben, während der Rand mehr aufgeht.

IN DER HAUPTROLLE:

Klassische Quichebasis ist Mürbeteig. Bei der einfachsten Art der Herstellung werden Mehl, Butter und Eier rasch zusammengeknetet, bis ein eher trockener Teig entsteht. Das kannst Du mit der Hand machen oder in einer Küchenmaschine. Das Verarbeiten sollte zügig passieren, damit der Teig nicht zu warm und damit brüchig wird. Bei zu langem Kneten wird er zäh. Ist er fertig, so sollte er unbedingt 1 Std. kühl gestellt werden. Den Teig dann in die Form geben und erst einmal ohne Belag ca. 10 Min. bei 180° vorbacken.

MÜRBETEIG IST WIE RADFAHREN: EINMAL GEMACHT, NIE MEHR VERLERNT.

29

DER PROTOTYP
QUICHE LORRAINE

6 PORTIONEN
1 STD. ZUBEREITUNG
1 STD. KÜHLEN
780 KCAL (PORTION)

1

200 g Mehl, 1 Ei, 100 g Butter und **1 TL Salz** gut mit den Händen verkneten, bis ein glatter Mürbeteig entstanden ist. Den Teig in Frischhaltefolie wickeln und 1 Std. im Kühlschrank durchkühlen lassen.

2

220 g durchwachsenen Räucherspeck würfeln.

300 g Zwiebeln schälen und würfeln.

100 g Bergkäse reiben.

3

Backofen auf 180° vorheizen. Eine Quiche- oder Springform (Ø 28 cm) mit Butter ausstreichen.

4

Andünsten

70 ml Weißwein

In einer Pfanne den Speck bei mittlerer Hitze auslassen. Die Zwiebeln darin glasig andünsten. Weißwein angießen und etwas einköcheln lassen. Alles leicht abkühlen lassen.

5

Teig ausrollen und vorbacken

Den Teig mit einem Nudelholz rund ausrollen und in die Form legen, einen Rand hochziehen. Teig im heißen Ofen (Mitte) ca. 10 Min. vorbacken.

6

Inzwischen **5 Eier, 300 g saure Sahne** und **100 g Sahne** mit **Salz, Pfeffer** und **1 Prise frisch geriebener Muskatnuss** verrühren. Die Zwiebel-Speck-Mischung und den Käse unterrühren. Den vorgebackenen Teig nach 10 Min. aus dem Ofen holen. Die Eiermischung daraufgießen. Die Quiche dann im heißen Ofen (Mitte) in ca. 35 Min. fertig backen. Vor dem Anschneiden am besten noch 10 Min. ruhen lassen

ZUTATEN

- 200 g Mehl
- 6 Eier
- 100 g Butter (+ Butter für die Form)
- Salz
- 220 g durchwachsener Räucherspeck
- 300 g Zwiebeln
- 100 g Bergkäse
- 70 ml Weißwein
- 300 g saure Sahne
- 100 g Sahne
- Pfeffer
- Muskatnuss

DAS KREATIVLABOR
INDIVIDUELLE GESCHMACKSSACHE

FREESTYLE – SCHAU IN DEINEN KÜHLSCHRANK!

Der Belag für eine Quiche lässt sich prima nach dem gestalten, was der Kühlschrank gerade so hergibt. Das kann **Lauch** sein mit **Räucherlachs**, fein gehobelter **Fenchel** mit einem würzigen **Käse** wie Taleggio oder sogar Blauschimmel, **Wirsing** mit **Speck** und **Schmand**. Auch **Bratenreste** oder **Chorizo-Würste** sind in der Füllung willkommen. Puristen belegen die Quiche mal nur mit **Tomaten**. Gemüse mundgerecht schneiden und kurz andünsten, dann mit der Eiermischung auf den vorgebackenen Teig geben.

>>

TRAU DICH

QUICHE-MUFFINS
>>> FÜR JEDEN EINS!

Schön, wenn jeder eine eigene Mini-Quiche bekommt! Dafür einfach den Teig in 12 Portionen teilen. Die Förmchen eines Muffinblechs mit Butter ausstreichen und mit jeweils 1 Teigportion auskleiden. Der Teig sollte sogar etwas aus der Form herausstehen. Dann die Füllung hineingießen – von der braucht man etwa ein Drittel bis die Hälfte weniger, je nach Förmchengröße.

HERBSTSCHÖNHEIT

/// Hier geht's um den Zwillingsbruder der Quiche Lorraine

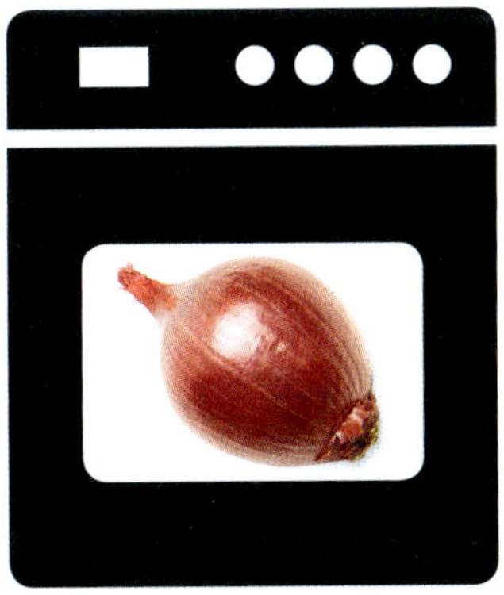

RICHTIG SCHÖN HERZHAFT: **ZWIEBELKUCHEN**

Die Zubereitung ist ähnlich, allerdings wird hier statt Mürbeteig ein Hefeteig als Grundlage genommen (wie bei der Pizza auf Seite 80 beschrieben). Für den Teigbelag kommen noch saure Sahne, Eier und Speck. Und natürlich ist der Zwiebelanteil deutlich höher – für ein Backblech mindestens 1,3 kg vorbereiten und im Speckfett glasig andünsten. Rote Zwiebeln bringen eine gewisse Süße und schöne Optik. Das Blech sollte unbedingt mit Backpapier ausgelegt werden, damit sich der Zwiebelkuchen nach dem Backen gut lösen lässt. Ganz wichtig als Gewürz: Kümmel! Der macht die vielen Zwiebeln bekömmlicher.

GRÜNE WELLE FÜR **SPINATTARTE**

Für diese Variante den Mürbeteig wie beschrieben kneten und kühlen. Für die Füllung 400 g ***Spinat*** und 1 Stange ***Lauch*** putzen, waschen und klein schneiden, nach Wunsch mit 1 gehackten ***Knoblauchzehe*** mischen und in 1 EL ***Öl*** kurz andünsten. 350 g ***Frischkäse***, 3 ***Eier***, 250 g ***Sahne*** und 100 g zerbröckelten ***Blauschimmelkäse*** verrühren. Nun noch 1–2 EL gehackte ***Cashewkerne*** untermischen. Teig dann vorbacken, belegen und fertig backen – alles wie bei der Quiche.

ES GIBT KEINE REGEL!

KANN ICH AUCH

DAS PRINZIP WOK

/// In der asiatischen Wokpfanne fein geschnittene Zutaten unter ständigem Rühren blitzschnell garen – heißt darum auch pfannenrühren.

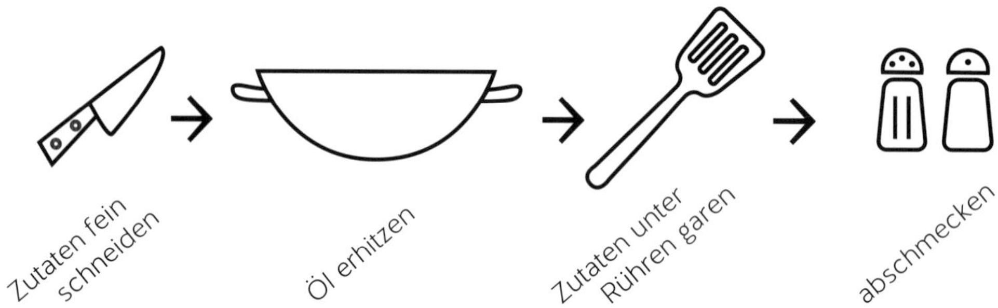

DER PROTOTYP GEMÜSE-WOK: Da wird dem Gemüse mal so richtig eingeheizt! Durch das Volumen des Woks verteilt sich die Hitze gut auf den Inhalt der Pfanne – das Gemüse gart aromatisch in Nullkommanix.

GUTE VORBEREITUNG IST ALLES: Sämtliche Zutaten sollten bereitliegen und klein geschnitten sein, bevor es mit dem »Wokken« losgeht. Traditionelle Woks mit rund geformtem Boden funktionieren ideal über offenem Feuer, also auf einem Gasherd. Mittlerweile haben aber die meisten Modelle einen flachen Boden und sind für alle Herdarten geeignet. Praktisch fürs Pfannenrühren ist eine Wokschaufel. Beim Garen der Gemüse von hart nach weich vorgehen: zunächst die festeren Sorten wie Möhren unter Wenden braten, zuletzt Zuckerschoten oder Zucchini. So bekommt alles einen gleichmäßigen Biss.

IN DER HAUPTROLLE:

Bei unserem Prototypen: jede Menge Gemüse. Und da ist erlaubt, was schmeckt – ob heimische, mediterrane oder exotische Sorten. Zum Anbraten unbedingt ein einfaches Öl nehmen, das sich stark erhitzen lässt, zum Beispiel Erdnuss-, Sonnenblumen- oder Rapsöl. Hochwertige, kalt gepresste Öle sind nicht geeignet. Zu einem typischen Wokgericht gehören auch die asiatischen Würzzutaten, die den speziellen Geschmack ausmachen: Sojasauce, Ingwer, Chili und Fischsauce. Wer mag, stellt sich auch Reiswein bereit.

DAS KÖNNEN ZIG-MILLIONEN ASIATEN – UND DU AUCH ...

DER PROTOTYP
GEMÜSE-WOK

4 PORTIONEN
25 MIN. ZUBEREITUNG
275 KCAL (PORTION)

1

200 g Brokkoli waschen, putzen und in Röschen teilen.

100 g Zuckerschoten waschen und evtl. entfädeln.

1 rote Paprikaschote halbieren, putzen, waschen und in Würfel oder Streifen schneiden.

200 g Mini-Pak-Choi putzen und waschen. Weiße und grüne Teile getrennt in Streifen schneiden.

2

1 walnussgroßes Stück Ingwer, 2 Knoblauchzehen und **3 Schalotten** schälen, würfeln und mischen.

200 g (Räucher-)Tofu in mundgerechte Würfel schneiden.

3

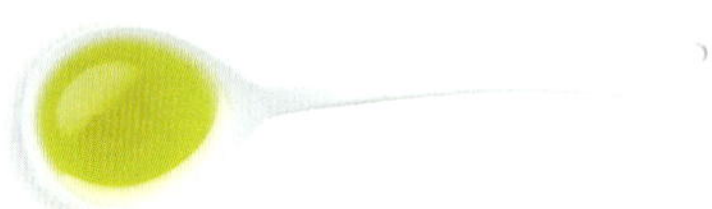

50 ml Öl

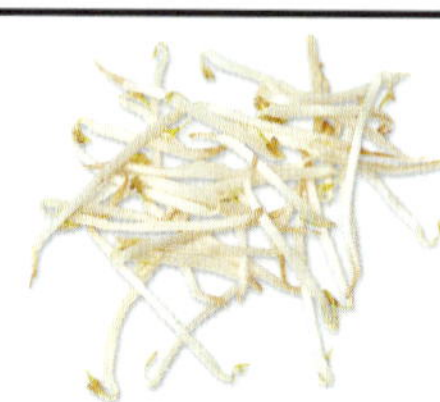

150 g Mungobohnensprossen

Das Öl im Wok stark erhitzen. Tofuwürfel darin ca. 2 Min. unter Rühren anbraten. Mit einer Schaumkelle herausheben. Paprika und weiße Pak-Choi-Streifen im Wok ca. 1 Min. bei starker Hitze anbraten, dabei ständig wenden. Brokkoli ca. 1 Min. mitbraten, dann die Zuckerschoten und die Ingwermischung einrühren. Alles noch 5–7 Min. unter Rühren braten. Dann grünen Pak-Choi und Sprossen 1–2 Min. mitbraten.

4

2 EL Fischsauce

2 EL Sojasauce

Pfeffer

Die Tofuwürfel wieder unter das Gemüse im Wok rühren. Alles mit Fischsauce, Sojasauce und Pfeffer würzen und noch ca. 1 Min. pfannenrühren.

ZUTATEN

- 200 g Brokkoli
- 100 g Zuckerschoten
- 1 rote Paprikaschote
- 200 g Mini-Pak-Choi
- 1 walnussgroßes Stück Ingwer
- 2 Knoblauchzehen
- 3 Schalotten
- 200 g (Räucher-)Tofu
- 50 ml Pflanzenöl
- 150 g Mungobohnensprossen
- 2 EL Fischsauce
- 2 EL Sojasauce
- Pfeffer

WOK MAKES YOU FEEL GOOD

FEURIG ODER MILD?

CHILISCHOTEN bringen Schärfe in den Wok, besonders die kleinen roten Vogelaugenchilis

KOKOSMILCH wirkt ausgleichend auf alle anderen Würzzutaten und macht das Gericht rund

ODER LIEBER FRISCH?

LIMETTENSAFT UND -SCHALE stehen für Frische und für Säure. Ohne sie fehlt was

Bei **KORIANDERGRÜN** gibt es nur Freunde oder Feinde. Also nimmt sich jeder selbst

Echt schnell

WOK MIT RIND

500 g **Rindfleisch** (z. B. Hüftsteaks) in 1 cm breite Streifen schneiden. Je 1 rote und gelbe **Paprikaschote** in Streifen schneiden. 200 g **Stangenbohnen** putzen, ca. 1 Min. in kochendem Salzwasser vorgaren, eiskalt abschrecken und halbieren. 2 **Schalotten**, 2 **Knoblauchzehen** und 1 walnussgroßes Stück **Ingwer** schälen und würfeln. 1 EL **Öl** im Wok erhitzen, Fleischstreifen darin in zwei Portionen bei starker Hitze unter Rühren anbraten, jeweils herausnehmen. Paprika und Schalotten in 1 EL Öl im Wok pfannenrühren, es folgen Knoblauch und Ingwer. Mit **Pfeffer** würzen. 50 ml **Sojasauce** und 150 ml **Fleischbrühe** mit den Bohnen dazugeben. Alles 5 Min. garen, dann das Fleisch unterrühren.

Etwas gebremst

WOK MIT HUHN

2 ***Hähnchenbrustfilets*** würfeln und mit zerstoßenem ***Koriandersamen***, ***Kreuzkümmel*** und ***Kurkuma*** würzen, mit ***Reiswein***, ***Sojasauce***, etwas ***Fischsauce*** und geröstetem ***Sesamöl*** mischen und 1 Std. bedeckt durchziehen lassen. Inzwischen 350 g ***Gemüse*** nach Wunsch waschen, putzen und mundgerecht schneiden, z. B. Zuckerschoten, Möhren und Frühlingszwiebeln. Hähnchenwürfel abgießen (Marinade auffangen!) und unter Rühren in etwas ***Öl*** anbraten und bräunen. Herausnehmen. Nacheinander Möhren, Frühlingszwiebeln und Zuckerschoten in etwas Öl 3–4 Min. pfannenrühren. Hähnchenwürfel und Marinade untermischen, aufkochen, mit ***Chiliflocken*** und ***Pfeffer*** abschmecken.

Ratzfatz

WOK MIT FISCH

Hier mal süß-sauer: 150 ml ***Ketchup***, 120 ml ***Orangensaft*** und 1 Schuss ***Essig*** verrühren. 1 ***Baby-Ananas*** (oder 150 g aus der Dose) schälen, putzen und in Würfel schneiden. 2 ***Zwiebeln*** schälen und würfeln, 1 kleinen ***Zucchino*** putzen und ebenfalls würfeln. Dann 400 g ***Fischfilet*** (etwa Rotbarsch) in Stücke schneiden, mit ***Mehl*** bestauben und im Wok kurz in 2 EL ***Öl*** von beiden Seiten braten und herausnehmen. In 1 EL Öl Zwiebeln und Paprika 4–5 Min. anbraten, die Ananas dazugeben. Nach 1 Min. den Ketchupmix dazurühren und gut erhitzen. Alles mit ***Salz***, ***Pfeffer*** und ***Ingwerpulver*** abschmecken. Zum Schluss die Fischstücke dazugeben und noch 2–3 Min. miterhitzen.

DAS PRINZIP EINTOPF

/// Gemüse pur oder mit Fleisch, Fisch und weiteren Zutaten in einem einzigen Topf garen – das ist unkompliziert und gelingt immer!

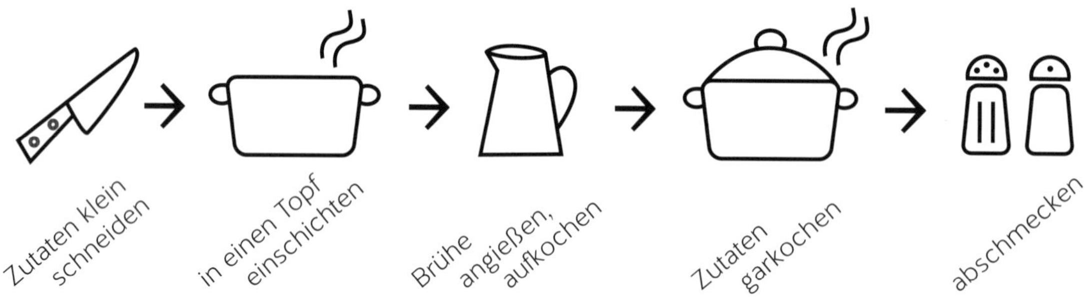

> **DER PROTOTYP GEMÜSEEINTOPF:** Sollte jemand gar nicht kochen können – diesen Eintopf kriegt jeder hin. Warum? Weil so ein bunter Gemüseeintopf das Einfachste ist, was man sich vorstellen kann. Und dabei alles andere als langweilig!

DAS WORT EINTOPF BESAGT ES BEREITS: Du benötigst einen Topf, nicht mehr, nicht weniger. Alle Zutaten kommen dort hinein und werden mehr oder weniger zusammen gegart. Du musst Dich meist nicht mal um unterschiedliche Garzeiten kümmern. Die verschiedenen Aromen und Geschmäcker gehen beim Garen harmonisch ineinander über. Eintöpfe können gut in größeren Mengen vorbereitet werden. Es lohnt sich also, gleich mehr zu kochen und einen Teil einzufrieren. Oder den Eintopf am nächsten Tag wieder aufwärmen – dann schmeckt er sogar noch besser, weil sich die Würze intensiviert.

IN DER HAUPTROLLE:

Saisongemüse. Wähle aus nach Lust und Marktangebot. Für unseren Prototypen haben wir Kürbis, Lauch, Kartoffeln und Rosenkohl verwendet, lauter Gemüsesorten, die im Herbst und Winter günstig und aus heimischem Anbau angeboten werden. Im Frühjahr können auch Bundmöhren, Frühlingszwiebeln, frisch gepalte Erbsen oder grüner Spargel dabei sein, im Sommer hast Du die große Auswahl. Nicht-Vegetarier geben zum Schluss klein geschnittene Würstchen dazu oder kochen eine Scheibe Räucherspeck mit.

WIR REDEN HIER NICHT ÜBER GESUND, SONDERN ÜBER LECKER!

DER PROTOTYP
GEMÜSEEINTOPF

4 PORTIONEN
50 MIN. ZUBEREITUNG
190 KCAL (PORTION)

1

1 Zwiebel schälen und würfeln.

750 g festkochende Kartoffeln schälen und in ca. 2 cm Würfel schneiden.

300 g Rosenkohlröschen putzen, waschen und halbieren.

400 g Kürbis waschen. Kerne herauskratzen. Fruchtfleisch mit Schale ca. 1 cm groß würfeln.

1 Stange Lauch längs halbieren, gründlich waschen. Weiße und hellgrüne Teile in 5 mm breite Streifen schneiden.

500 g Brokkoli waschen, putzen und in Röschen teilen.

2

1 l Gemüsebrühe

Je 3 Stängel Petersilie und Thymian

1 Lorbeerblatt

Zwiebelwürfel mit Kartoffeln, Kürbis, Rosenkohl und Lauch in einen großen Topf schichten. Die Gemüsebrühe erhitzen und dazugießen. Petersilie, Thymian und Lorbeerblatt waschen, zusammenbinden und dazugeben. Alles aufkochen und bei schwacher Hitze ca. 15 Min. zugedeckt köcheln lassen. Dann den Brokkoli dazugeben und 10–15 Min. zugedeckt mitgaren.

3

Eintopf mit **Salz, Pfeffer** und **1 Prise frisch geriebener Muskatnuss** abschmecken. Kräutersträußchen vor dem Servieren entfernen.

ZUTATEN

- 1 Zwiebel
- 750 g festkochende Kartoffeln
- 300 g Rosenkohl
- 400 g Hokkaido-Kürbis
- 1 Stange Lauch
- 500 g Brokkoli
- 1 l Gemüsebrühe
- 3 Stängel Petersilie
- 3 Zweige Thymian
- 1 Lorbeerblatt
- Salz, Pfeffer
- Muskatnuss

DAS KREATIVLABOR

EIN TOPF, VIEL FALT!

KRÄFTIGE WÜRZE FÜR DEFTIGE TÖPFE

Ran an den **Speck**! Mit einer mitgekochten Scheibe Räucherspeck bekommt der Eintopf Schmackes, ebenso wie mit ein paar handfesten **Würstchen** (entweder im Ganzen mitgaren oder reinschnippeln) oder auch mit einem durchwachsenen Stück **Schweinebauch**. Und für die Vegetarier gibt es **Räuchertofu**, der Eintöpfen ebenfalls kräftiges Aroma verpasst. Den Tofu einfach in Würfel schneiden und zum Schluss im Eintopf miterhitzen.

>>

TRAU DICH

ONE POT PASTA

+++ GLÜCK IM TOPF

Hier gart Pasta zusammen mit Sauce in einem Topf! 400 g ***Tomaten*** halbieren, 1 ***Zwiebel*** und 2 ***Knoblauchzehen*** schälen und in Ringe schneiden, bzw. fein hacken. Alles mit 400 g ***Spaghetti***, 800 ml ***Wasser***, ***Salz*** und 2 EL ***Olivenöl*** in einem Topf zugedeckt aufkochen, dabei immer wieder umrühren. Wer's scharf liebt, gibt auch noch ***Chiliflocken*** dazu. Nach 10–12 Min. ist die Pasta gar – dann mit gehacktem ***Basilikum*** bestreuen und gleich genießen!

WHOW!

/// Wein gehört niemals ins Chili, ein kräftiges Bier dagegen schon.

CHILI CON CARNE

Der beliebte Eintopf-Import aus Mexiko wird bei uns meist mit Hackfleisch und Bohnen gekocht. Für besonders viel Geschmack zunächst 2 gehackte ***Zwiebeln*** mit 2 gehackten ***Chilischoten*** in 200 ml ***Bier*** köcheln lassen. In einem Topf dann 1 kg ***Rinderhack*** anbraten. Biersauce dazu und mit ***Kreuzkümmel***, ***Zimt***, ***Chilipulver*** und ***Oregano oder Thai-Basilikum*** würzen. 400 g passierte ***Tomaten*** und etwas ***Gemüsebrühe*** verflüssigen die Masse etwas, so brennt sie auch nicht so leicht an. Bitte dennoch gut rühren! Nach 20 Min. je 400 g ***schwarze Bohnen*** und ***Pintobohnen*** aus der Dose dazugeben und knapp 1 Std. mitgaren, am Ende alles mit ***Kakaopulver***, ***Salz***, ***Pfeffer*** und den verwendeten Gewürzen nochmals abschmecken.

MIT PILZEN UND TOFU: CHILI SIN CARNE

Beim vegetarischen Chili das Fleisch durch klein geschnittene Pilze oder Räuchertofu ersetzen, daneben können auch weiße Bohnen, Maiskörner, Kürbis, Paprikaschote oder auch Kartoffeln mit den passierten Tomaten eine Rolle spielen. Man sollte im Hinterkopf behalten, dass es in erster Linie um die Würze geht, die ja auch für Vegetarier gleich bleiben kann. Wer viele Gewürze zu Hause hat, kann hier stark variieren: Kreuzkümmel, gemahlene Koriandersamen oder Safranfäden verleihen einem einfachen Chili eine individuelle Note.

DAS PRINZIP

CURRY

/// Gemüse, Fleisch, Fisch garen in einer sämigen Sauce, die ihr spannendes Aroma auf der Basis angerösteter Gewürze bekommt.

DER PROTOTYP GEMÜSECURRY: Curry ist nicht nur ein Gewürz, sondern auch ein köstliches Gericht. Das zeigt unser Rezept, das uns mit vielen bunten Gemüsesorten und intensiven Aromen begeistert.

DIE TROCKENEN GEWÜRZE ZUNÄCHST ANRÖSTEN, am besten bei mittlerer Hitze! Das lockt noch mehr Aroma aus ihnen heraus. Danach die frischen Zutaten wie z. B. Ingwer, Knoblauch, Zwiebel oder Chilis mit dem vorbereiteten Gemüse braten, anschließend alles zugedeckt sanft garen. Das Gemüse darf nicht dabei bräunen oder anbrennen, bei Bedarf etwas Wasser angießen. Wichtig ist, dass sich die Zutaten harmonisch mit der Sauce und ihren Gewürzen verbinden. Currypulver gibt es auch als fertige Gewürzmischung, die hat aber mit der Zubereitung eines klassischen Currys nichts zu tun.

IN DER HAUPTROLLE:

Nie die Hauptzutat! Vielmehr geben Gewürze dem Curry seinen typischen Charakter: Ingwer, Knoblauch und Chilis sind fast immer dabei, dazu Kardamom, Zimt, Pfeffer, Nelken und auch Kurkuma, das auch Gelbwurz heißt. Alle Gewürze bekommst Du im Asienladen und in gut sortierten Supermärkten. Möglichst im Ganzen kaufen und bei Bedarf mahlen, so sind sie besonders aromatisch und lange haltbar. Garam Masala ist eine Gewürzmischung, mit der ein indisches Curry traditionell abgeschmeckt wird (Rezept Seite 153).

EIN GRUPPENBILD MIT SCHÄRFE

DER PROTOTYP
GEMÜSECURRY

4 PORTIONEN
1 STD. ZUBEREITUNG
210 KCAL (PORTION)

1

300 g Zwiebeln schälen und fein würfeln.

2

2 EL Öl in einem großen Topf erhitzen.

2 Lorbeerblätter, 1 TL grüner Kardamom, 1 Zimtstange darin bei mittlerer Hitze anbraten. **10 Pfefferkörner, 3 Nelken** dazugeben und ca. 1 Min. mitbraten. Die Zwiebeln in den Topf geben und bei schwacher Hitze in ca. 15 Min. weich dünsten.

3

Inzwischen **1 walnussgroßes Stück Ingwer** und **4 Knoblauchzehen** schälen und fein würfeln. **2 grüne Chilischoten** waschen, putzen und hacken.

200 g Möhren und **400 g Kartoffeln** schälen und in mundgerechte Stücke schneiden.

200 g grüne Bohnen putzen, waschen und in ca. 3 cm lange Stücke schneiden.

4

1 TL rotes Chilipulver

½ TL Kurkuma

1 TL Garam Masala

Salz

Kartoffeln und Möhren mit Knoblauch, Ingwer und den Chilis in den Topf geben, mit Chilipulver, Kurkuma, Garam Masala und Salz würzen. Alles vermischen und zugedeckt bei schwacher Hitze ca. 15 Min. garen. Falls nötig, Wasser angießen. Bohnen dazugeben und alles weitere 15 Min. zugedeckt garen.

5

Inzwischen **4 Tomaten** waschen, halbieren, entkernen und sehr fein würfeln. Tomaten zum Gemüse geben und gut unterrühren. Curry nochmals abschmecken und **250 g Joghurt** unterrühren. Alles vor dem Servieren noch 5 Min. ziehen lassen.

ZUTATEN

- _300 g Zwiebeln_
- _2 EL Öl_
- _2 Lorbeerblätter_
- _1 TL grüner Kardamom_
- _1 Zimtstange_
- _10 Pfefferkörner_
- _3 Nelken_
- _1 walnussgroßes Stück Ingwer_
- _4 Knoblauchzehen_
- _2 grüne Chilischoten_
- _200 g Möhren_
- _400 g Kartoffeln_
- _200 g grüne Bohnen_
- _1 TL rotes Chilipulver_
- _½ TL Kurkuma_
- _1 TL Garam Masala_
- _Salz_
- _4 Tomaten_
- _250 g Naturjoghurt_

DAS KREATIVLABOR

KULINARISCHER GRENZVERKEHR

BISSCHEN SCHARF

INDIEN

THAILAND

VIETNAM

Currys werden in Asien unterschiedlich gewürzt: Zwiebeln oder Schalotten, Ingwer und Knoblauch sind immer dabei. Viele Varianten gibt es in **Indien**. Hier werden gern trockene Gewürze und Joghurt verwendet, und je südlicher man is(s)t, desto schärfer schmeckt es. In **Thailand** finden sich im Curry fast immer Kokosmilch und scharf-aromatische Chilipasten, in **Vietnam** liebt man es mit reichlich Kräutern, viel Fischsauce und weniger Schärfe.

UND DAZU?

Natürlich ist es meistens Reis, der zu einem Curry gereicht wird. In Indien werden aber auch sehr gerne **Papadams** dazu serviert, dünne Fladen aus Linsenmehl. Bei uns bekommst Du sie im Asienladen, online und in vielen Supermärkten. Zwar nicht die original Beilage, aber wir drücken zwei Augen zu: Italienische **Penne-Pasta** oder mexikanische **Tortillafladen**.

IDEAL-REIS

Für lockeren Reis etwas ***Öl*** in einem Topf erhitzen, dann 1 Tasse ***Basmati-Reis*** dazugeben und 1 Min. gut durchrühren. Nun 1 ⅓ Tasse ***Wasser*** dazu, aufkochen lassen, Herd auf die kleinste Stufe schalten und den Reis zugedeckt quellen lassen. Für klebrigen Reis das Wasser 2 cm hoch über den Reis auffüllen, aufkochen, ca. 1 Min. kochen lassen und dann auf kleinster Stufe quellen lassen wie oben.

MIX IT!

// 3,2,1 – meins: Gewürze mal selbst mischen.

MEIN EIGENES CURRY-PULVER: GARAM MASALA

Für die wunderbare Basismischung 6 EL ***Koriandersamen***, 4 EL ***Kreuzkümmelsamen***, 3 EL ***schwarze Pfefferkörner*** und 1 ½ EL ***Kardamomsamen*** getrennt nacheinander in einer Pfanne bei mittlerer Hitze erwärmen und wieder abkühlen lassen. Nichts anrösten, sonst kommen Bitterstoffe zum Vorschein! Die Gewürzkörner mit 3 ***Lorbeerblättern***, 1 EL ***Zimtpulver***, 2 TL gemahlener ***Macisblüte*** (das ist ***Muskatblüte)***, 1 TL ***Kurkuma*** und 1–2 TL ***Cayennepfeffer*** im Mixer fein zerkleinern. Nach Belieben noch ***Ingwerpulver***, getrocknete ***Zitrusschalen*** oder gemahlene ***Gewürznelken*** untermischen.

CURRY MIT HUHN
UND CASHEWKERNEN

3 EL ***Kokosflocken***, 1 gehackte ***Knoblauchzehe***, je 1 TL geriebenen ***Ingwer***, ***Koriandersamen*** und ***Kreuzkümmel*** mit 1 ***roten Chili***, 2–3 ***Gewürznelken*** und 1 kleinen ***Zimtstange*** bei mittlerer Hitze ca. 3 Min. in einem Topf ohne Öl anrösten. 1 kleine Handvoll ***Cashewkerne*** und 1 gehackte ***Zwiebel*** unter Rühren 10 Min. mitrösten. Alles abkühlen lassen, im Mixer mit etwas Wasser fein zerkleinern und im Topf ca. 10 Min. bei schwacher Hitze garen. Dann die Hitze erhöhen, 1 in 6–8 Stücke zerteiltes ***Hähnchen*** mit gehackten Cashews dazugeben und bräunen. 200 ml ***Wasser*** angießen. Hähnchen zugedeckt bei schwacher Hitze ca. 45 Min. köcheln und garen lassen.

DIE KÖNIGIN DER KOCHREZEPTE IST DIE FANTASIE

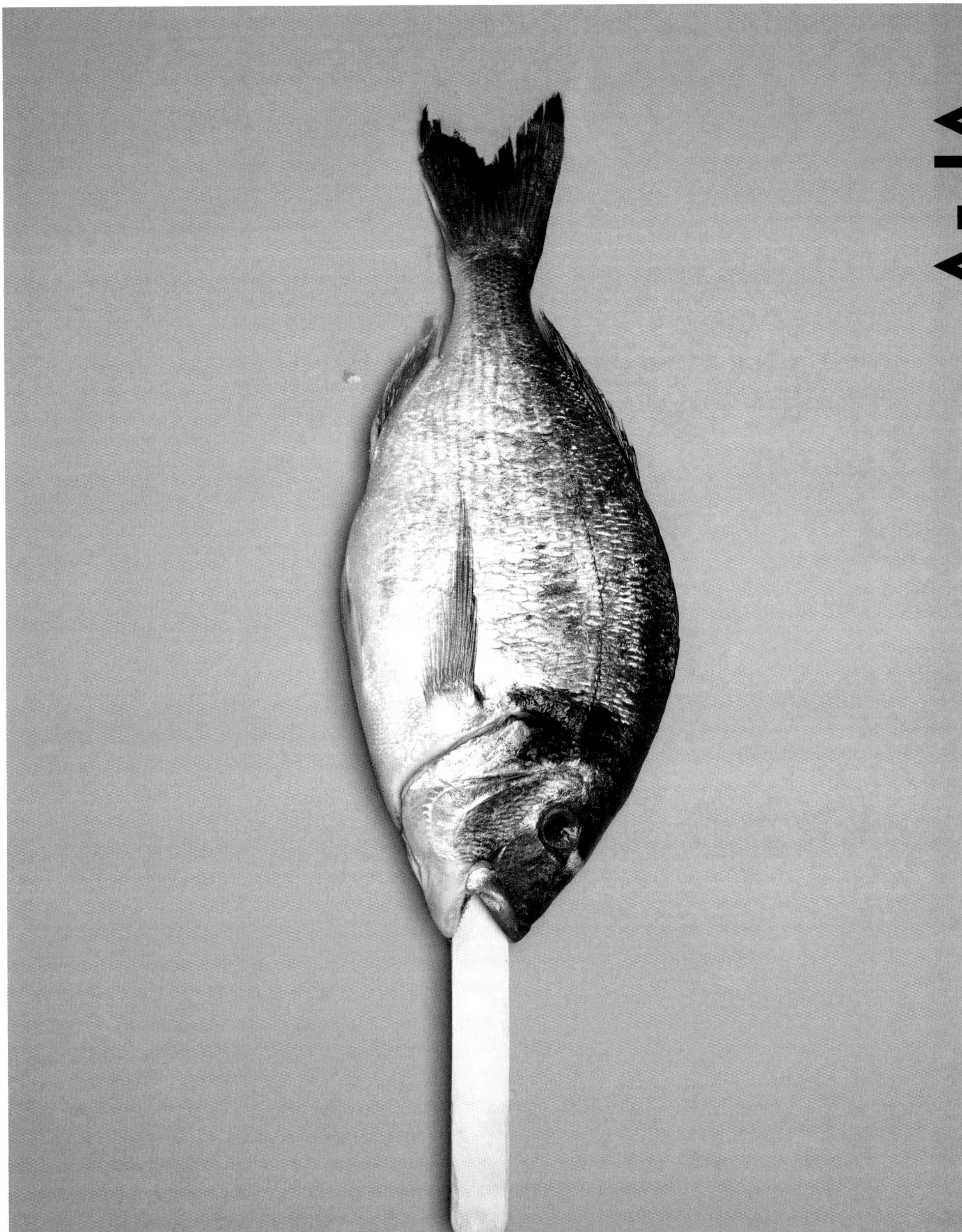

100% HANDMADE

DAS PRINZIP

SPARGEL

/// Ob weiß oder grün: Hier geht's um die richtige Zubereitung dieses Frühlingsgemüses und was man sonst noch alles daraus machen kann.

DER PROTOTYP SPARGEL KLASSISCH: Ab Mitte April kribbelt's bei vielen Liebhabern wieder – Spargelzeit! Die Stangen sind nicht billig, dafür dürfen die Begleiter simpel sein. Butter und Kartoffeln reichen.

SPARGEL MUSS GESCHÄLT WERDEN, weißer bis kurz unter den Kopf, bei den grünen Stangen nur das unterste Drittel. Angetrocknete »holzige« Enden schmal abschneiden. Zum Schälen einen gut funktionierenden Sparschäler verwenden. Weißen Spargel mit der Spitze Richtung Fingerspitzen in die Hand nehmen und ringsum sorgfältig schälen, sodass keine Fasern mehr zu sehen sind. Geschälte Stangen, die nicht sofort gekocht werden, in ein feuchtes Küchentuch einwickeln – so trocknen sie nicht aus. Da weißer Spargel deutliche Bitterstoffe aufweist, wird er am besten mit 1 Prise Zucker im Wasser gegart.

IN DER HAUPTROLLE:

Frischer Spargel. Die Stangen gibt es bei uns in Deutschland – frisch geerntet – nur im Zeitraum etwa zwischen dem 20. April und dem 20. Juni. Weißer Spargel wächst unter der Erde und ist daher bleich, der grüne wächst oberirdisch. Beide Sorten gibt es dicker und dünner; die dickeren Stangen (sie laufen unter »Klasse 1«) sind teurer. Am besten schmeckt frisch gestochener Spargel. Kennzeichen: Die Stangen »quietschen«, wenn man sie aneinander reibt, und die Enden sehen feucht und keineswegs holzig aus.

LANGE STANGEN MIT VIEL ZU KURZER SAISON

DER PROTOTYP
SPARGEL KLASSISCH

4 PORTIONEN
40 MIN. ZUBEREITUNG
220 KCAL (PORTION)

1

2 kg Spargel putzen und schälen: Jeweils das untere holzige Ende abschneiden, die Stangen mit dem Sparschäler von oben bis unten so schälen, dass alle Faserschichten entfernt sind.

Inzwischen **4–5 l Wasser** in einem breiten Topf zum Kochen bringen.

2

2 TL Salz, 2 TL Zucker und **1 EL Zitronensaft** ins kochende Wasser rühren. Die Spargelstangen vorsichtig ins kochende, gewürzte Wasser geben und zugedeckt bei mittlerer Hitze je nach Dicke in 14–18 Min. bissfest garen.

3

80 g Butter bei mittlerer Hitze in einem Töpfchen flüssig und heiß werden lassen. Den fertigen Spargel mit einem Schaumlöffel aus dem Wasser heben und auf eine (z. B. im Backofen bei 80°) vorgewärmte Platte legen. Den Spargel mit der heißen Butter servieren.

ZUTATEN

_ 2 kg weiße Spargelstangen
_ 2 TL Salz
_ 2 TL Zucker
_ 1 EL Zitronensaft
_ 80 g Butter

DAS **KREATIVLABOR**

SPARGEL DIR EINEN!

GRÜNEN SPARGEL BRATEN: **DIE ITALIENISCHE ART**

Röstaromen bringen noch mehr Geschmack. Die Stangen waschen und im unteren Drittel schälen, holzige Enden abschneiden. Nun die Stangen im Ganzen oder in Stücke geschnitten in Olivenöl bei mittlerer Hitze in 5–7 Min leicht braun braten. Spargel mit Salz, Pfeffer und Limetten- oder Zitronensaft würzen und mit frisch geriebenem Parmesan bestreuen – fertig ist die italienische Variante!

>>

TRAU DICH

SPARGEL-FRITTATA
+++ LECCO MIO

Mit gebratenem ***Spargel*** (siehe oben) lässt sich auch eine Frittata zubereiten: Dazu 6 ***Eier*** mit ***Pfeffer***, ***Salz***, ***Paprikapulver*** und 100 g geschlagener ***Sahne*** verquirlen. Weißen und grünen Spargel vorbereiten, in Stücke schneiden und in ***Olivenöl*** leicht anbraten. Dann in rascher Folge in Streifen geschnittene ***Salami***, 3–4 EL geraspelten ***Bergkäse*** und die Eiermischung dazugeben. Alles kurz verrühren und gleich in eine gut ausgebutterte Auflaufform füllen. Im vorgeheizten Backofen ca. 20 Min. bei 200° backen, bis die Masse gestockt und leicht gebräunt ist.

Der Klassiker

/// *Spargelreste – zu schade zum Wegwerfen!*

Jummy...

Für eine Spargelcremesuppe die Schalen und abgeschnittenen Enden von ***weißem Spargel*** in etwas ***Gemüsebrühe*** ca. 20 Min. kochen, dann durch ein Sieb in eine Schüssel gießen. Im Topf 1 EL ***Butter*** zerlassen, mit 1 EL ***Mehl*** bestäuben und unter ständigem Rühren andünsten. Die Spargelbrühe unter Rühren angießen und kurz aufkochen. 1 ***Eigelb*** mit 3 EL ***Sahne*** verrühren und in die Suppe rühren. Die Suppe darf jetzt nicht mehr kochen, da sonst das Ei gerinnen kann. Die Spargelcreme mit ***Zucker***, ***Salz***, ***Zitronensaft*** und ***Muskat*** abschmecken.

KANN ICH AUCH →→→ SAUCE HOLLANDAISE

Die klassische Spargelbegleitung: In einem kleinen Topf 125 g ***Butter*** bei schwacher Hitze schmelzen lassen. In einem zweiten Topf 60 ml ***Weißwein*** mit 1 Spritzer ***Zitronensaft*** aufkochen. Vom Herd nehmen und in eine Schüssel gießen. Wein mit 3 ***Eigelb*** verrühren und mit einem Schneebesen schaumig aufschlagen. Jetzt die flüssige Butter erst tropfenweise, dann in dünnem Strahl dazufließen lassen und unterrühren – mit dem Schneebesen oder auch mit einem Pürierstab. Sauce mit ***Salz***, ***Tabasco*** und Zitronensaft abschmecken.

L!NSEN, BOHNEN, ERBSEN

/// Getrocknete Hülsenfrüchte gibt es in vielen Variationen. Die meisten Sorten müssen vor der Zubereitung erst einmal eingeweicht werden.

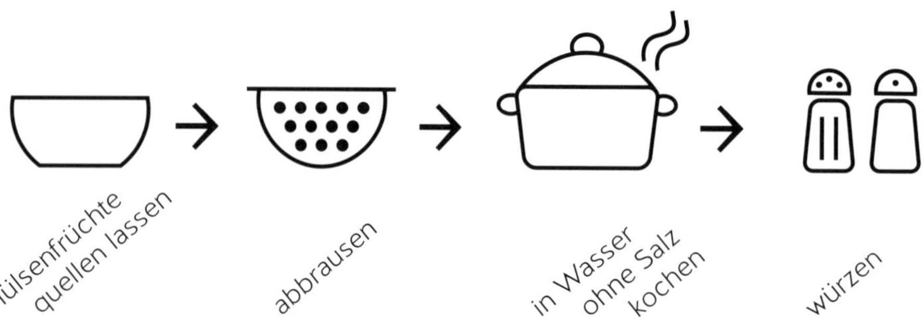

DER PROTOTYP LINSENGEMÜSE: Frag' doch mal einen Schwaben nach seinem Lieblingsessen! Linsen werden dabei ganz vorne sein – mit allerlei klein geschnittenem Gemüse drin und vielleicht Spätzle dazu ...

WER ZEIT HAT, GART LINSEN, BOHNEN UND ERBSEN AUF TRADITIONELLE ART. Dazu die getrockneten Hülsenfrüchte in einen Topf mit Wasser geben und zugedeckt zum Quellen und Einweichen über Nacht in den Kühlschrank stellen. Dann mit kaltem Wasser abbrausen und in einem Topf mit reichlich frischem Wasser – ohne Salz! – zum Kochen bringen. Je nach Sorte brauchen die Hülsenfrüchte zwischen 45 Min. und 2 Std., um gar zu werden. Da sie dabei aufgehen, solltest Du immer wieder nachsehen, ob noch genügend Flüssigkeit im Topf ist – bei Bedarf etwas Wasser angießen.

IN DER HAUPTROLLE:

Hülsenfrüchte. Sie sind in nicht wenigen Gesellschaften der Welt eines der Hauptnahrungsmittel. Neben den braunen Tellerlinsen, die eingeweicht werden müssen, gibt es die geschälten roten Linsen, die feinen, dünnschaligen Berglinsen und die grünen Puy Linsen. Diese Hülsenfrüchte sind eher klein, müssen nicht quellen und benötigen nur zwischen 12 und 20 Min. Garzeit. Bei den getrockneten Bohnen gibt es Hunderte von Sorten, in Europa werden weiße Bohnen, Kidney- und Pintobohnen am meisten verwendet.

FRANKREICH, INDIEN, SCHWÄBISCHE ALB – ÜBERALL LINSEN ...

DER PROTOTYP
LINSENGEMÜSE

4 PORTIONEN
1 STD. 20 MIN. ZUBEREITUNG
12 STD. EINWEICHEN
670 KCAL (PORTION)

1

500 g braune Linsen

Die Linsen in einem Topf über Nacht in reichlich kaltem Wasser einweichen.

2

2 Lorbeerblätter

Linsen kochen

Am nächsten Tag Linsen in ein Sieb abgießen und kalt abbrausen. 2 l frisches Wasser mit Lorbeer und Linsen in einen Topf geben und aufkochen. Die Linsen zugedeckt in 45–60 Min. fast gar kochen.

3

1 Zwiebel

1 Knoblauchzehe

1 Möhre

200 g durchwachsener Räucherspeck

Zwiebel und Knoblauch schälen und hacken. Die Möhre schälen, putzen und fein würfeln. Den Räucherspeck ohne die Schwarte ebenfalls fein würfeln.

4

1 EL Mehl

¼ l Brühe

Salz & Pfeffer

Die Speckwürfel bei mittlerer Hitze auslassen. Zwiebeln darin in 3–4 Min. glasig andünsten. Knoblauch ca. 1 Min. mitdünsten. Das Mehl darüberstäuben und leicht anrösten. Die Möhrenwürfel dazugeben, dann die Linsen. Die Brühe angießen. Alles salzen, pfeffern und in ca. 15 Min. gar köcheln lassen.

5

Inzwischen **4 Stängel Petersilie** waschen. Die Blättchen hacken. Das Linsengemüse zum Schluss noch mit **2 EL Essig** und evtl. etwas Salz und Pfeffer abschmecken und mit Petersilie bestreuen.

ZUTATEN

- _500 g braune Linsen (Tellerlinsen)_
- _2 Lorbeerblätter_
- _1 Zwiebel_
- _1 Knoblauchzehe_
- _1 Möhre_
- _200 g durchwachsener Räucherspeck_
- _1 EL Mehl_
- _¼ l Gemüsebrühe_
- _Salz, Pfeffer_
- _4 Stängel Petersilie_
- _2 EL Essig_

DAS KREATIVLABOR
DIE HÜLSEN FALLEN LASSEN

DIE BUNTE WELT DER BOHNEN

BESONDERS ZART

EXTRA MILD

BISSCHEN MEHLIG

Die Palette der Bohnensorten ist groß und bunt – und sie haben alle etwas andere Eigenschaften. Manche, wie die französische **Flageolet**, sind zart und fein in Geschmack und Textur, **Augenbohnen** mild und vielseitig verwendbar. Die **Wachtelbohne** ist ein bisschen mehlig, bleibt von der Hülle her jedoch eher festkochend.

FRÜHLINGSGENUSS!

Trockenerbsen werden all jene Erbsen genannt, die an der Pflanze selbst in der Schale ausreifen. Aber natürlich kann man sie nicht nur getrocknet kaufen, sondern im Frühjahr auch frisch in der Schote – dann die Erbsen selbst aus den **Schoten** herauspalen und in wenig Butter kurz gedünstet genießen.

DICKE DINGER

In Italien überaus beliebt sind **dicke weiße Bohnen**. Sie werden wie beim Prototyp beschrieben eingeweicht, allerdings nicht in Wasser, sondern in Brühe gegart. Statt Speck kocht 1 Chilischote mit. Fertige Bohnen mit Würfeln von gehäuteter Tomate, Tomatenmark und Salbei abrunden, nach Wunsch noch schwarze Oliven, Frühlingszwiebeln und/oder Chorizo-Scheiben unterrühren. Zum Schluss etwas feines Olivenöl darüberträufeln.

LADY IN RED
/// Ganz ohne Einweichen können rote Linsen gegart werden.

SCHNELLER:
ROTES LINSENGEMÜSE

2 gewürfelte ***Schalotten*** und etwas ***Knoblauch*** in ***Öl*** andünsten, dann je 1 fein geschnittene ***Möhre*** und ***Lauchstange*** dazugeben, gefolgt von den trockenen ***roten Linsen*** (500 g wie beim Prototyp). Alles in 2–3 Min. glasig werden lassen, dann mit 1 Schuss ***Weißwein*** ablöschen, 350–400 ml ***Gemüsebrühe*** angießen, fein gehacktes ***Zitronengras*** dazugeben. Linsen mit halb aufgelegtem Deckel unter mehrmaligem Rühren in 10 Min. knapp gar kochen, mit ***Cayennepfeffer***, ***Salz*** und ***Pfeffer*** abschmecken und zugedeckt noch 3–5 Min. ziehen lassen. Das Gericht kann mit ***Sahne*** oder ***Kokosmilch*** verfeinert werden. Die Linsen beim Garen nicht zu weich werden lassen, sonst ist die Farbe weg, die Konsistenz wird breiig.

ECHTE ERFRISCHUNG:
KICHERERBSEN-SOMMERSALAT

1 Dose ***Kichererbsen*** abgießen und kalt abspülen. 1 Bund ***Frühlingszwiebeln*** putzen, waschen und in feine Ringe schneiden. 2 ***Tomaten*** häuten und würfeln. Alles mit 1 ***Mini-Gurke*** und 1 kleinen ***Paprikaschote*** (beides in Würfel geschnitten) in einer Schüssel vermischen. Und/oder 1 Handvoll zerkleinerte grüne ***Oliven***, ein paar ***Wassermelonenstückchen*** sowie fein gehackte ***Minze*** unterheben. Salat mit 1 EL ***Zitronensaft*** sowie 2 EL ***Olivenöl*** mischen und mit ***Salz***, ***Pfeffer*** und ***Kreuzkümmel*** würzen.

DAS PRINZIP

PASTA MIT SAUCE

/// Alle lieben Pasta – und dazu gehört einfach eine gute Sauce. Die kann tomatenfruchtig, sahnig oder safranwürzig sein – Hauptsache lecker!

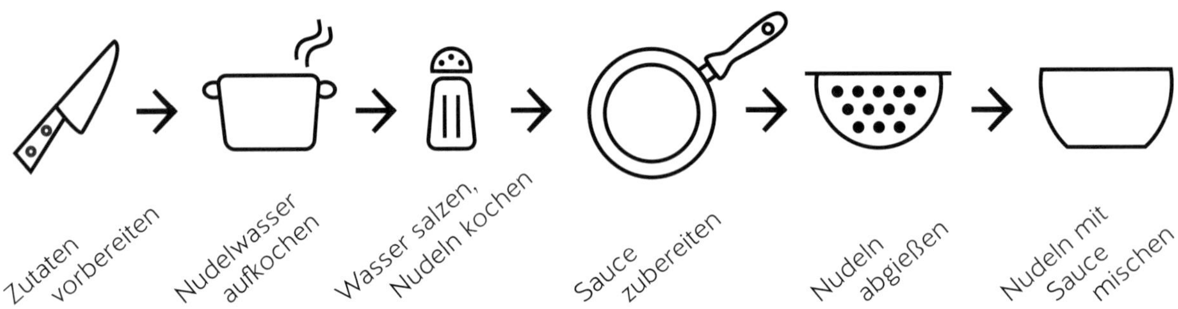

DER PROTOTYP TOMATENSPAGHETTI: Selbst gekochte Pastasauce aus vollreifen Tomaten, serviert mit al dente gegarten Spaghetti – damit kann man große und kleine Genießer glücklich machen.

PASTA PERFEKT KOCHEN: Dazu in einem großen Topf ausreichend Wasser aufkochen, die Grundregel lautet 1 l Wasser auf 100 g Nudeln. Das Salz erst einstreuen, wenn das Wasser kocht: 1 TL pro 1 l. Niemals Öl ins Wasser geben – die Pasta wäre versiegelt und könnte später die Sauce nicht so gut aufnehmen. Die Nudeln nach Packungsanweisung kochen. Um zu verhindern, dass sie zu weich werden, schon kurz vor Ende der angegebenen Garzeit eine Garprobe machen: Eine Nudel aus dem Wasser herausfischen und probieren, ob sie noch hart oder schon al dente ist mit leichtem Biss. Pasta in ein Sieb abgießen.

IN DER HAUPTROLLE:

In unserem Saucenklassiker vollaromatische und am besten sonnengereifte Tomaten, die es vor allem im Hochsommer gibt. Die kleinen Kirschtomaten haben oft mehr Geschmack als große Fleischtomaten. Außerhalb der Saison besser passierte Tomaten oder Tomaten aus der Dose verwenden. Sie haben auch den Vorteil, dass sie nicht gehäutet werden müssen. Die Konsistenz der Sauce ist damit allerdings oft etwas dicker. Wir servieren die leichte Sauce zu Spaghetti, Du kannst aber auch andere Pastasorten verwenden.

DER PROTOTYP TOMATENSPAGHETTI

4 PORTIONEN
40 MIN. ZUBEREITUNG
660 KCAL (PORTION

1

1 kg Tomaten mit kochendem Wasser überbrühen und häuten. Kerne entfernen, das Fruchtfleisch würfeln.

2 Knoblauchzehen schälen und fein hacken.

15 Basilikumblätter in feine Streifen schneiden.

70 g Parmesan fein reiben.

2

30 g Butter

1 Schuss Weißwein oder Saft

Salz & Pfeffer

Zunächst 30 g Butter in einer Pfanne schmelzen. Den Knoblauch darin kurz andünsten. Die Tomaten dazugeben und bei schwacher Hitze ca. 10 Min. mitdünsten. Etwas Weißwein oder Saft dazugeben und kurz einköcheln lassen. Sauce mit Salz und Pfeffer würzen, Basilikum einstreuen.

3

500 g Spaghetti

Inzwischen reichlich Salzwasser für die Nudeln aufkochen. Die Spaghetti darin nach Packungsangabe al dente kochen. In ein Sieb abgießen, dann in den leeren heißen Topf zurückgeben.

4

Die Spaghetti sofort mit der Tomatensauce und nochmals **30 g Butter** im Topf vermengen. Tomatenspaghetti auf vier Teller verteilen, den Parmesan dazu servieren.

ZUTATEN

- _ 1 kg vollreife Tomaten
- _ 2 Knoblauchzehen
- _ 15 Basilikumblätter
- _ 70 g Parmesan
- _ 60 g Butter
- _ 1 Schuss Weißwein oder Saft
- _ Salz, Pfeffer
- _ 500 g Spaghetti

DAS KREATIVLABOR
NOCH LANGE NICHT BASTA

WELCHE PASTA …

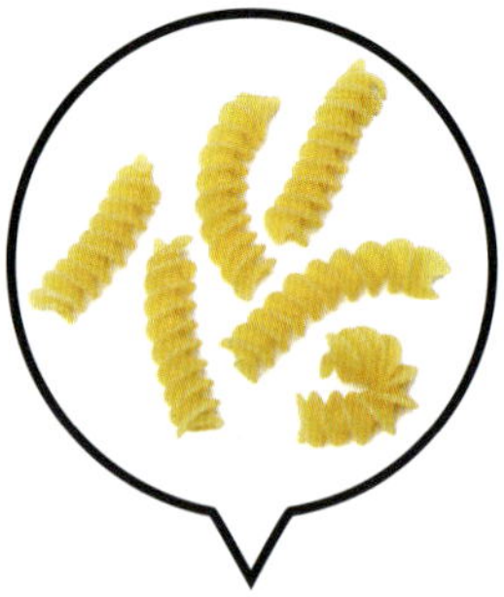

PENNE RIGATE können viel Sauce aufnehmen, im Innern und mit der geriffelten Oberfläche

FUSILLI sind perfekt für Saucen, die mit Sahne oder Käse etwas dicker daherkommen. Du kannst sie besonders gut gabeln

… ZU WELCHER SAUCE?

TAGLIATELLE oder die breiteren **PAPPARDELLE** werden für gehaltvolle Saucen und üppige Ragouts genommen

MAKKARONI und andere Röhrennudeln sind immer gut, wenn sie mit Sauce bedeckt und danach mit Käse überbacken werden

Spaghetti kann

SAHNIG

Schön »schmelzig« ist eine **Sahnesauce mit Kräutern**. Dazu etwas ***Butter*** in einer Pfanne zerlassen, dann 100 g ***Sahne***, ***Salz***, ***Pfeffer*** und 1 Prise frisch geriebene ***Muskatnuss*** dazugeben. 1 kleine Handvoll gehackte ***Kräuter*** wie ***Petersilie***, ***Basilikum*** und ***Thymian*** hinein, etwas frisch geriebenen ***Parmesan*** und dann die Sauce 3–5 Min. köcheln lassen. Mit ***Spaghettini*** oder ***Farfalle*** servieren. Es macht übrigens gar nichts, wenn die Sauce etwas dünnflüssig bleibt – es geht ja um den Geschmack. Natürlich kannst Du die Sauce aber auch stärker einköcheln lassen, dann aber bei kleinerer Hitze und über etwas längere Zeit.

Penne darf

WÜRZIG

Für eine kräftige **Gorgonzola-Spinat-Sauce** Würfelchen von je 1 ***Zwiebel*** und ***Knoblauchzehe*** in etwas ***Öl*** andünsten, 100 ml ***Wein*** und 100 ml ***Milch*** angießen und auf die Hälfte einköcheln lassen. 100 g zerbröselten ***Gorgonzola*** und 1 EL frisch geriebenen ***Parmesan*** unterrühren und die Sauce mit ***Salz***, ***Pfeffer***, frisch geriebener ***Muskatnuss***, ***Zitronensaft*** und ***Chiliflocken*** würzen. 1 Handvoll ***Babyspinat*** waschen, trocken schleudern und untermischen. Passt sehr gut zu Penne. Wenn Du keinen Babyspinat bekommst, kannst Du das Gericht auch mit Rucola variieren. Die Blätter dann aber einmal durchschneiden, grobe Stiele entfernen.

Löffel muss

EDEL

Sehr fein ist **Safran-Garnelen-Sauce**. 200 g rohe, geschälte ***Garnelen*** in 2 EL ***Butter*** rundherum rosa anbraten, mit ***Salz*** und ***Pfeffer*** würzen und warm stellen. In derselben Pfanne 150 ml ***Weißwein*** einköcheln lassen, etwas ***Butter*** dazugeben und 1 gehackte ***Schalotte*** darin garen. 1 EL ***Tomatenmark*** in Wasser verrühren und auch ein paar ***Safranfäden*** in Wasser auflösen. Beides zum Weinsud geben, 100 ml ***Fischfond*** dazugießen, 1–2 EL ***Crème fraîche*** einrühren, sodass die Sauce cremig wird. Garnelen untermischen und am besten zu ***Linguine*** servieren. So dermaßen gut, dass man mit dem Löffel noch den letzten Rest kriegen muss!

DAS PRINZIP

HACKFLEISCHSAUCE

/// Würzig geschmorte, sättigende Hackfleischsauce – ein universeller Tausendsassa, der nicht nur zu Nudeln passt.

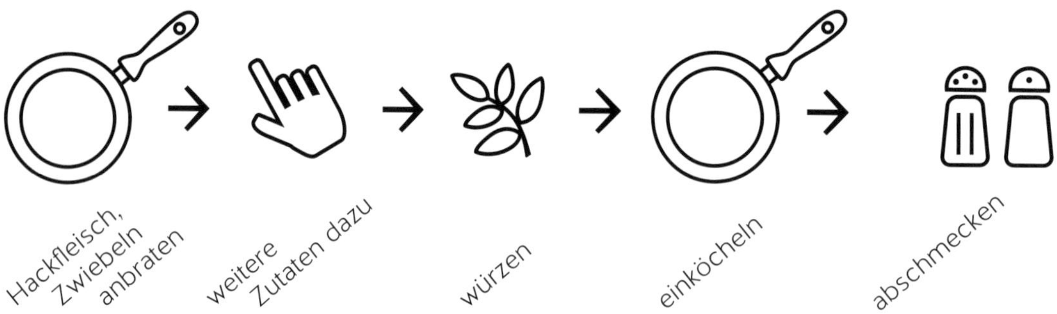

DER PROTOTYP HACKFLEISCHSAUCE: Im Gegensatz zur leichten Tomatensauce ist unsere Hackfleischsauce sättigender und kräftiger, im Unterschied zum Original »Ragù bolognese« tomatiger. Sie passt zu Pasta, aber auch zu Reis oder Couscous. Und eignet sich auch wunderbar als Füllung für Pfannkuchen, Teigtaschen oder Lasagne.

BEIM ANBRATEN ZUNÄCHST NICHT RÜHREN! Besser das Hackfleisch einfach in der Pfanne verteilen und 2–3 Min. in aller Ruhe anbraten. Auf diese Weise brät es trockener, weil Wasserdampf entweichen kann. Danach das Hackfleisch immer mal wieder mit einem Pfannenwender umschichten, bis es fast vollständig gebräunt und krümelig ist. Jetzt noch kurz Zwiebeln und Knoblauch mitbraten. Sind die Tomaten dann beim Hackfleisch in der Pfanne, darf alles lange auf kleinster Hitze vor sich hin schmoren. Dabei verbinden sich die Aromen besonders gut. Wem's aber pressiert, der gibt mehr Gas und kann früher essen.

IN DER HAUPTROLLE:

Frisches Rinderhackfleisch vom Metzger und geschälte (stückige) Tomaten aus der Dose oder passierte aus der Flasche. Im Hochsommer sind auch gehäutete, frische Tomaten eine Alternative. Dosentomaten, die es inzwischen in guten Qualitäten gibt, sind praktischer im Küchenalltag, und die Sauce hat damit sofort Saft und Sämigkeit. Und weil die Tomaten genügend Flüssigkeit liefern, kannst Du reines Rinderhackfleisch verwenden. Das ist magerer als gemischtes Hack. Die Sauce wird trotzdem saftig und lecker.

DER PROTOTYP HACKFLEISCHSAUCE

4 PORTIONEN
45 MIN. ZUBEREITUNG
285 KCAL (PORTION)

1

1 Zwiebel und **1 Knoblauchzehe** schälen und hacken.

2

2 EL Öl in einer großen Pfanne erhitzen.

400 g Rinderhack ins heiße Öl geben und 2–3 Min. ohne Rühren anbraten, dann bei mittlerer Hitze weiterbraten und dabei immer wieder wenden. Ist das Hackfleisch fast völlig braun und krümelig, Zwiebeln und Knoblauch dazugeben und noch ca. 3 Min. mitbraten.

3

400 g stückige Tomaten

1 TL getr. Oregano

Salz & Pfeffer

Die Tomaten aus der Dose mit dem Oregano zum Hackfleisch geben und untermischen. Alles salzen, pfeffern und offen bei schwacher Hitze ca. 20 Min. oder auch noch etwas länger köcheln lassen. Die fertige Sauce nochmals abschmecken.

ZUTATEN

- _ 1 Zwiebel
- _ 1 Knoblauchzehe
- _ 2 EL Öl
- _ 400 g Rinderhack
- _ 400 g stückige Tomaten (Dose)
- _ 1 TL getr. Oregano
- _ Salz, Pfeffer

DAS KREATIVLABOR
SAUCE DICH GLÜCKLICH!

AUF WEINTIPP ACHTEN!

MIT KRÄUTERN

MIT MÖHREN

WEIN

Hackfleischsauce ist das perfekte Beispiel dafür, dass Kochen, anders als Backen, auch »Pi mal Daumen« gehen kann, was die Zutaten betrifft. Unser Prototyp verträgt allerlei Kräuter wie etwa Thymian, Rosmarin oder Minze und auch Gemüse, z. B. Möhre, Sellerie oder Petersilienwurzel, alles schön klein gehackt. Und 1 Schuss Wein! Soll er mitkochen, immer Weißwein nehmen, Rotwein macht die Sauce grau.

NIMM DIR ZEIT …

Natürlich kannst Du solch eine Sauce ganz fix zaubern, doch ohne Hektik wird sie schmackhafter, weil sich die Aromen bei niedrigeren Temperaturen und längerer Garzeit besser entwickeln und halten. Also die Sauce ruhig bei kleiner Hitze 1 Std. oder mehr schmoren lassen.

AUF VORRAT

Es lohnt sich, gleich einen großen Topf Hackfleischsauce zu kochen. Fertige Sauce abkühlen lassen und portionsweise in TK-Beutel oder -Boxen einfrieren. Beschriften nicht vergessen! Hält sich tiefgekühlt mindestens ein halbes Jahr.

BENE! /// *In der traditionellen Sauce aus Bologna sind Tomaten verpönt.*

RAGÙ BOLOGNESE

Für das echte Ragù werden zunächst 100 g gewürfelter ***Speck***, dann klein geschnittenes ***Wurzelgemüse*** (z. B. 1 Bund Suppengrün) angebraten, anschließend 150 g ***Schweinehack***, gefolgt von 300 g grob gehacktem ***Rindfleisch***. ***Tomatenmark*** mit anbraten, dann etwas Wasser angießen und 1 Schuss ***Milch***. Alles bei kleiner Hitze unter gelegentlichem Rühren 1–2 Std. köcheln lassen, ab und zu ein wenig Milch dazugeben, nur so viel, dass das Ragù saftig bleibt. Gewürzt wird mit ***Salz*** und ***Pfeffer***, serviert mit Tagliatelle.

DIESE LASAGNE IST SCHNELL GEBAUT.

Wir kochen keine Béchamelsauce, sondern verrühren 300 ml ***Milch*** mit 250 g ***Crème fraîche*** oder ***Schmand***. In eine gut gefettete Lasagneform als Basis etwas ***Hackfleischsauce*** von Seite 176 verstreichen, darauf etwas Milchcreme, dann Teigplatten darauflegen. Wieder Sauce, wieder Creme, wieder Platten einschichten, bis alles aufgebraucht ist. Auf die letzten Nudelplatten Milchcreme streichen und 150 g geriebenen ***Hartkäse*** streuen. Lasagne im vorgeheizten Ofen bei 200° ca. 45 Min. backen.

STE R NE KÜ CH E ZAC K

ZA CK

SCHNIPP SCHNAPP

DAS PRINZIP

SAUCENFOND

/// Eine aromatische Saucenbasis in der eigenen Küche herstellen – das kostet Zeit, aber es lohnt sich!

DER PROTOTYP SAUCENFOND: In Top-Restaurants sind wir immer hin und weg von den Saucen, die es da gibt: intensiv, würzig, dickflüssig. Hier zeigen wir, wie wir zu Hause die Basis dafür schaffen können. Convenience bleibt außen vor.

ZUM FONDKOCHEN WICHTIG: EIN GROSSER TOPF! Die Knochen und Ochsenschwanzstücke brauchen einfach Platz. Da das Fondkochen sehr zeitintensiv ist, lohnt es sich, gleich die doppelte Menge zuzubereiten. In diesem Fall die Hälfte der Knochen im Ofen anrösten: Dazu 2 EL Öl und die Knochen auf einem Backblech verteilen und bei 190° ca. 40 Min. rösten, danach zu den Zutaten in den Topf auf dem Herd geben und alles wie beschrieben köcheln lassen. Auf dem abgekühlten Fond bildet sich Fett, das mit einem Löffel gut abgeschöpft werden kann. Der Fond lässt sich dann gut einfrieren, am besten portionsweise.

IN DER HAUPTROLLE:

Zeit! Außerdem Fleischknochen, Wurzelgemüse, Wasser und Rotwein. Zum Rösten und Auskochen Knochen nehmen, geeignet sind auch Fleischabschnitte oder Ochsenschwanzstücke, an denen noch etwas Fleisch haftet. Gute Basis für Fisch- und Geflügelfonds sind Karkassen (das ist all das, was von Fisch oder Geflügel übrig bleibt, nachdem die eigentlichen Fleischteile entfernt worden sind). Für dunkle Saucen sind außerdem kräftige Wurzelgemüse unerlässlich, also Lauch, Möhren, Knollensellerie oder Petersilienwurzel.

WER SAGT DENN, DASS EIN KNOCHENJOB BLÖD SEIN MUSS?

DER PROTOTYP
DUNKLER SAUCENFOND

1 L FOND
1 STD. ZUBEREITUNG
5-6 STD. GAREN
80 KCAL

1

1 Zwiebel ungeschält halbieren. Schnittflächen in einer Pfanne ohne Fett anrösten, bis sie sehr dunkel sind.

Je **100 g Möhren** und **Knollensellerie** putzen, schälen und grob würfeln.

100 g Lauch putzen, längs halbieren, gründlich waschen und grob schneiden.

2

3 EL Öl

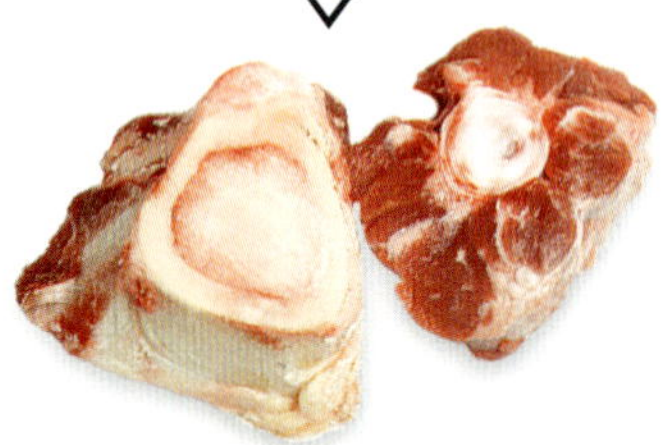

1,5 kg Fleischknochen und 500 g Ochsenschwanz

2 EL Tomatenmark

Das Öl in einem großen Topf erhitzen. Die Fleischknochen und Ochsenschwanzstücke darin in zwei Portionen bei mittlerer Hitze unter Rühren je 20 Min. anrösten, dann herausnehmen und das Gemüse im Topf anrösten. Das Tomatenmark untermischen und ca. 2 Min. unter Rühren mitrösten. Die Knochen wieder einrühren. Ca. 100 ml **Wasser** angießen und bei starker Hitze einköcheln lassen. Dies mit jeweils 100 ml frischem Wasser viermal wiederholen, bis die Sauce schön dick und braun ist.

3

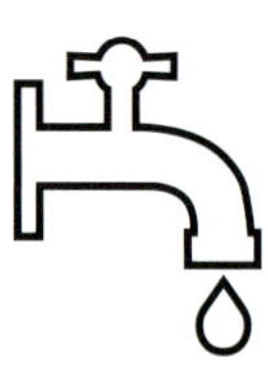

400 ml Rotwein und **1,5 l Wasser** angießen.

1 TL schwarze Pfefferkörner, 1 TL Koriandersamen, 1 TL Wacholderbeeren und **2 Lorbeerblätter** hinzufügen.

4

Köcheln lassen

Alles 5–6 Std. köcheln lassen. Zum Schluss den Fond durch ein feines Sieb in einen breiten Topf abgießen und abkühlen lassen. Das Fett abschöpfen. Knochen und Gemüse wegwerfen. Den Fond verwenden oder portionsweise einfrieren.

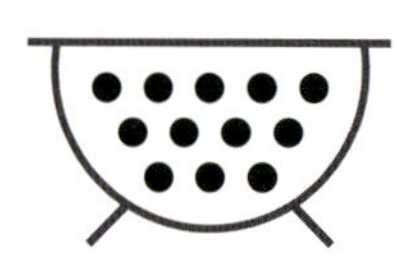

Fond abgießen

ZUTATEN

- 1 Zwiebel
- 100 g Möhren
- 100 g Knollensellerie
- 100 g Lauch
- 3 EL Sonnenblumen- oder Rapsöl
- 1,5 kg Fleischknochen vom Rind
- 500 g Ochsenschwanz in Stücken
- 2 EL Tomatenmark
- 400 ml trockener Rotwein
- 1 TL schwarze Pfefferkörner
- 1 TL Koriandersamen
- 1 TL Wacholderbeeren
- 2 Lorbeerblätter

MACH DEN FOND MAL DICKER – WÜRZE PUR!

Unseren Saucenfond kannst Du weiter einköcheln und damit dicker werden lassen. Richtig stark auf 4–5 EL reduziert nennt man den Saucenfond dann »Glace«. Die ist sehr fest, fast schon wie eine Paste. Nicht ganz so stark eingekocht, sondern etwas flüssiger, wie Sirup, heißt er »Demi-Glace«. Um am Geschmack zu feilen, nimmst du Wein, Whiskey, Madeira, Balsamico, Saft oder Fruchtsirup. Aber je fester der Fond schon ist, umso weniger muss er gewürzt werden!

>>

TRAU DICH

GARNELENSAUCE
+++ ECHT EDEL

Schalen von 1 kg ***Garnelen, Krabben oder sonstigen Krustentieren*** gut reinigen, abspülen und abtropfen lassen. Große Schalen zerkleinern. ***Röstgemüse*** (Möhren, Staudensellerie, Lauch, Schalotten, Knoblauch) klein schneiden. 2 ***Tomaten*** achteln. Die Schalen in einem großen Topf in 1 EL ***Öl*** anrösten. 1 EL ***Tomatenmark*** und das Gemüse dazugeben, mit 1 Schuss ***Portwein oder Weinbrand*** ablöschen, 400 ml ***Fischfond*** angießen. Mit 1 ***Sternanis***, 4–5 ***Kardamomkapseln***, 1 EL ***Rosinen***, 1 EL gehacktem ***Ingwer*** und ***Muskatblüte*** würzen. 1 kleine mehligkochende ***Kartoffel*** einreiben, das bindet die Sauce. Alles ca. 45 Min. köcheln lassen. Zunächst grob, dann fein passieren. Am Ende ***Sahne*** unterrühren.

1 Hauch Exotik

/// Passt gut zu Geflügel und zu Kalbfleisch.

lecker...

Für eine Asia-Weißwein-sauce das Fruchtfleisch von 1 ***Baby-Ananas*** klein würfeln und in einer Pfanne mit 1 EL fein geriebenem ***Ingwer***, je 1 roten und grünen fein gehackten ***Chilischote*** (ohne Kerne) und 2 fein gewürfelten ***Schalotten*** andünsten. Saft und Schale von 1 ***Bio-Limette*** und 200 ml ***Geflügelfond*** angießen sowie mit etwas ***Kurkuma*** (Gelbwurz) würzen. Alles aufkochen lassen. 1 EL ***Sesamsamen*** in einer Pfanne ohne Fett anrösten und mit 2 EL braunem ***Zucker*** zur Sauce geben.

ZUM REINLEGEN →→→ **RAHMSAUCE MIT SCHUSS**

Dafür 1 fein gewürfelte ***Schalotte*** in 1 EL ***Butter*** glasig andünsten, dann mit 1 Schuss ***Whiskey***, ***Cognac*** oder ***Portwein*** ablöschen. Nun 200 ml ***Saucenfond*** angießen, gefolgt von 100 g ***Sahne*** und 100 g ***saurer Sahne***. Alles bei schwacher Hitze auf die gewünschte Konsistenz einköcheln lassen. Die Rahmsauce mit ***Limettensaft***, ***Salz*** und ***Pfeffer*** würzen. Luftig wird die Sauce, wenn Du zum Schluss noch etwas geschlagene Sahne unterhebst.

DAS PRINZIP

STEAK

/// Hier geht's um das ideal gebratene Rindersteak. Es ist außen schön angeröstet, innen aber noch rosa und herrlich saftig und zart.

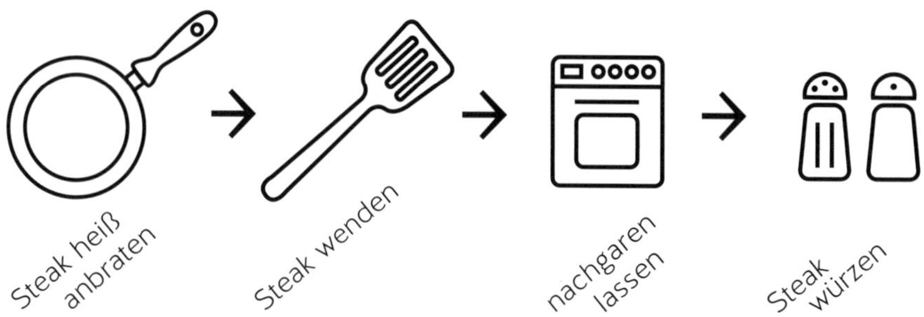

DER PROTOTYP RUMPSTEAK: Ein richtig dickes, rosa gebratenes Rumpsteak ist für viele Fleischliebhaber der Traum schlechthin. Und mit unserem Rezept ist es gar nicht schwer, das hinzubekommen.

DER TRICK BEIM BRATEN: Die Steaks ins heiße Fett einlegen und dann erst mal so gut wie nichts machen. Die Steaks dürfen dabei allerdings nicht zu dicht nebeneinander liegen, sonst kann keine Feuchtigkeit über Dampf entweichen – mit der Folge, dass das Fleisch eher dünstet als brät. Für vier Steaks brauchst Du also eine richtig große Pfanne, sonst verwende lieber zwei. Nimm das Fleisch am besten 1–2 Std. vor dem Braten aus dem Kühlschrank, es ist dann entspannter in der Pfanne. Das fertige Steak sollte für »medium« (innen rosa) auf Fingerdruck etwas nachgeben, so in etwa wie beim Druck auf die eigene Nasenspitze.

IN DER HAUPTROLLE:

Gut abgehangenes Rindersteak. Rindfleisch braucht Zeit zum Reifen, mindestens zehn Tage, am besten mehrere Wochen. Während dieser Zeit lösen Enzyme die Muskelfaserstrukturen auf, das Fleisch wird zunehmend zarter. Auch die Wasserbindefähigkeit wird verbessert. Das bedeutet: Beim Braten bleibt der Saft im Fleisch. Nach außen zeigt sich die Reife in der Farbe: Junges Rindfleisch ist leuchtend rot, reifes eher dunkler bis gräulich. Lange gereiftes Rind wird auch unter dem Begriff »dry aged« angeboten.

EY, ICH GEH ABHÄNGEN ...

DER PROTOTYP RUMPSTEAK

4 PORTIONEN
20 MIN. ZUBEREITUNG
370 KCAL (PORTION)

1

4 Rumpsteaks (à 250 g)

Die Rumpsteaks aus dem Kühlschrank nehmen, Zimmertemperatur annehmen lassen.

Backofen auf 100° vorheizen

Den Ofen auf 100° vorheizen. Eine große ofenfeste Platte oder Form hineingeben.

2

2 EL Butterschmalz

Pfanne

Butterschmalz in einer sehr großen Pfanne oder zwei normalen Pfannen sehr stark erhitzen (bis kurz vor dem Rauchpunkt). Die Steaks hineinlegen und ca. 2 Min. einfach so darin liegen lassen. Nicht rütteln, nicht schieben! Dann die Steaks umdrehen und erneut ca. 2 Min. nichts tun.

3

8–10 Min.

Dann die Steaks aus der Pfanne nehmen und im heißen Ofen (Mitte) je nach Dicke 8–10 Min. nachgaren lassen. Sie sind dann innen rosa und geben auf Fingerdruck etwas nach. Die Steaks salzen und pfeffern.

Salz & Pfeffer

ZUTATEN

_ *4 Rumpsteaks (à 250 g)*
_ *2 EL Butterschmalz*
_ *Salz, Pfeffer*

DAS KREATIVLABOR
GEBT MIR FLEISCH

BLOODY WELL RIGHT

ENGLISH

MEDIUM

WELL DONE

An seinem Gargrad sollst Du es erkennen – das perfekte Steak! »**English**« ist die Version für die ganz Harten: Hier wird das Fleisch auf beiden Seiten jeweils nur 1 Min. in der Pfanne gebraten, sodass es außen angeröstet, innen aber noch blutig ist. »**Medium**« – wie beim Prototypen gezeigt – schmeckt den meisten am besten, hier fließt kein Blut mehr, nur Fleischsaft. »**Well done**« ist ein Steak, das insgesamt 8–10 Min. in der Pfanne und danach noch 10 Min. im Ofen war – eigentlich schade um das schöne Fleisch ...

DAS BESTE FLEISCH

Die meisten Steaks kommen aus der **Hüfte** oder vom mittleren Rücken als Rumpsteak. Das **Rib-Eye** hat einen Fettkern (das »Auge«), das macht es saftig und herzhaft zugleich. **Flank Steak** besitzt eine feine Fettmarmorierung und kommt aus dem Bauchlappen. Unschlagbar zart ist das **Filet**.

Du kannst auch Steaks **im Backofen grillen**, also ganz ohne Pfanne oder Grill draußen. Dazu den Backofen mit den Grillschlangen auf 200° vorheizen. Die Steaks kommen auf der obersten Schiene auf ein geriffeltes Blech. Die Garzeit kann variieren, je nach Dicke des Fleischs. Steak von 3 cm Dicke nach 4 Min. umdrehen und weitergrillen bis zum gewünschten Gargrad, z. B. noch 3–4 Min. bis »medium«.

THINK BIG!

/// Trau Dich an größere Stücke! Auf dem Grill werden sie perfekt.

XXL-STEAK VOM GRILL

Bist Du Besitzer eines Grills mit Deckel? Dann mach darauf mal ein **Porterhouse-Steak**. Einfach das ruhig 800 g schwere Porterhouse von beiden Seiten mit **Öl** bepinseln und auf den vorgeheizten Grill legen. Den Deckel schließen. Nach 2 Min. das Steak um 90 Grad drehen (das gibt die schöne rustikale Marmorierung durch den Grillrost) und wieder Deckel schließen, weitere 2 Min. grillen. Das Steak auf die andere Seite drehen und erneut 2 Min. grillen, drehen, 2 Min. grillen. Nun den Kerntemperaturfühler horizontal in die dickste Stelle des Steaks stecken und das Fleisch von der direkten Hitze wegziehen. Bei Bedarf mit indirekter Hitze fertig garen, bis die Kerntemperatur bei etwa 60° liegt. Das Fleisch ca. 5 Min. warm ruhen lassen, dann vom Knochen schneiden.

DAS PRINZIP PFEFFER

Eins der wichtigsten Gewürze für Steak ist Pfeffer. Schwarzer **Pfeffer aus der Mühle** geht immer, doch es macht Spaß, andere Sorten zu entdecken, z. B. **Langen Pfeffer** oder **Kubebenpfeffer** – damit kommt eine Fruchtigkeit mit ins Spiel. **Szechuan-Pfeffer** hat einen prickelnden Geschmack, der vielen Menschen scharf vorkommt, aber eher aromatisch-süßlich mit leichter Zitrusnote ist. Übrigens: Grundsätzlich kommen alle Gewürze beim Steak erst nach dem Garen dazu, damit sie nicht verbrennen.

DAS PRINZIP

SCHN!TZEL

/// Ob Schwein, Kalb, Geflügel – dünne Scheiben werden kurz gebraten, gerne auch vorher mit Panade umhüllt. (Das klappt auch mit Gemüsescheiben).

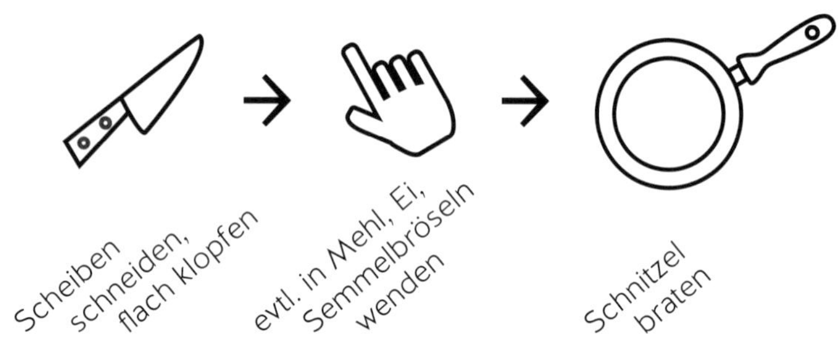

DER PROTOTYP WIENER SCHNITZEL: Das Original ist immer vom Kalb, »Schnitzel Wiener Art« vom Schwein. Kalb ist zarter, Schwein günstiger. Paniert und knusprig ausgebacken, fehlt eigentlich nur noch ein Kartoffelsalat zu diesem immer beliebten Klassiker ...

FLEISCH ZUNÄCHST FLACHER KLOPFEN!
Dazu das Schnitzel zwischen zwei Lagen Frischhaltefolie legen, mit einer Pfanne darauf schlagen. So platzen die Zellstrukturen der Muskelfasern auf, das Fleisch wird zarter. Zum Panieren drei Teller nehmen: In den ersten Mehl häufeln, Pfeffer und Salz untermischen. Im zweiten Teller 1 Ei verquirlen. Das sorgt für die Haftung der Semmelbrösel, die im dritten Teller warten. Panierte Schnitzel rasch braten, damit die Panade nicht aufweicht. Fett zunächst stark erhitzen, beim Braten die Hitze nicht zu hoch stellen, die Panade soll schön langsam wellig und goldbraun werden.

IN DER HAUPTROLLE:

Für unser Wiener Schnitzel Kalbfleisch, außerdem Semmelbrösel und Butterschmalz zum Braten. Das Fleisch sollte möglichst nicht von Sehnen durchzogen sein. Keine Riesenschnitzel kaufen! Kleinere Schnitzel sind einfacher zu handhaben. »Paniermehl« ist nicht das Gleiche wie Semmelbrösel; es kann nur aus Weizenmehl, Salz und Hefe bestehen, angereichert mit Enzymen, Aromen und Geschmacksverstärkern. Am besten sind selbst gemachte Semmelbrösel. Dafür hart gewordene Brötchen im Mixer fein zerkleinern.

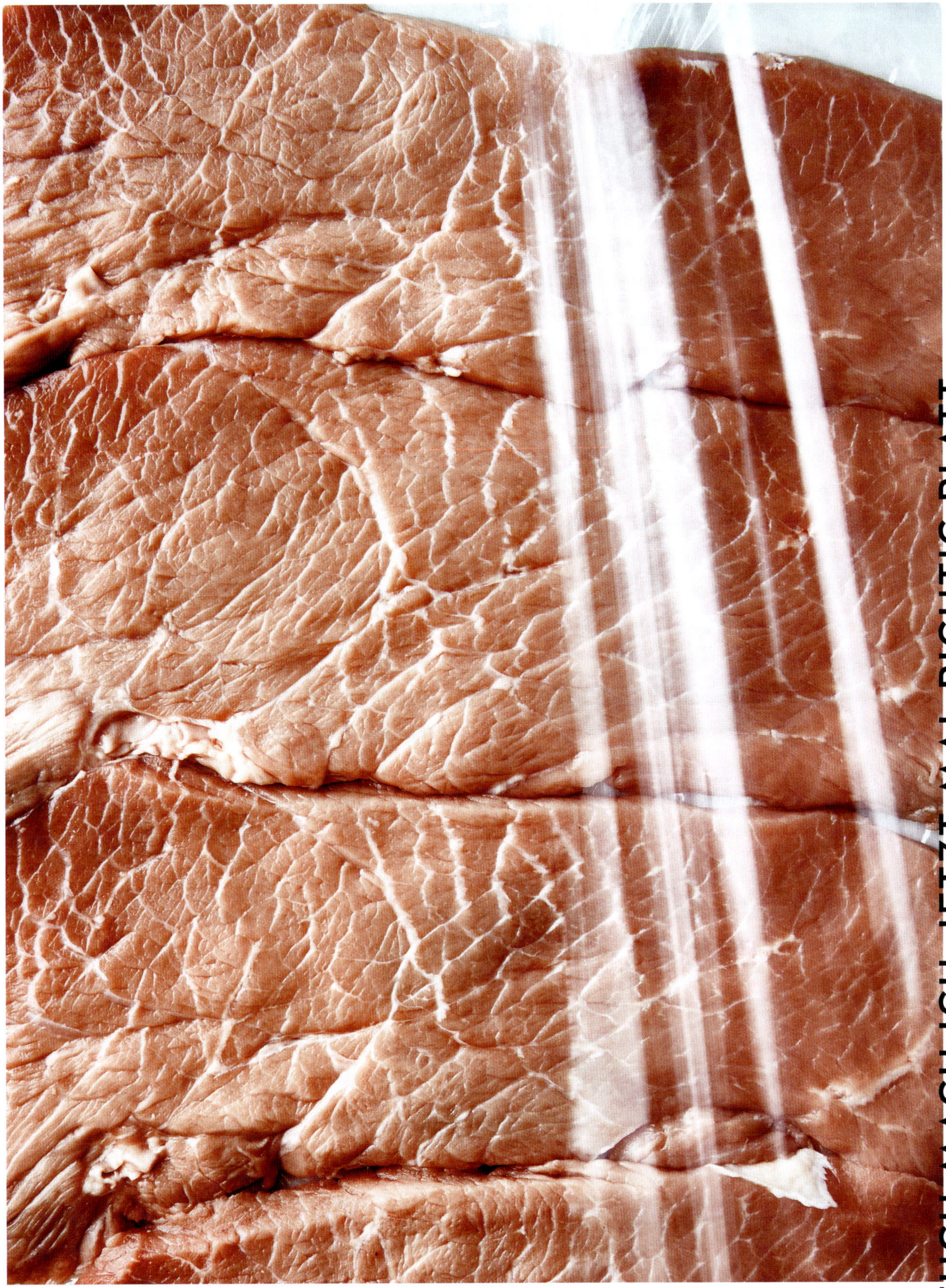

EUCH MACH ICH JETZT MAL RICHTIG PLATT …

DER PROTOTYP WIENER SCHNITZEL

4 PORTIONEN
25 MIN. ZUBEREITUNG
290 KCAL (PORTION)

1

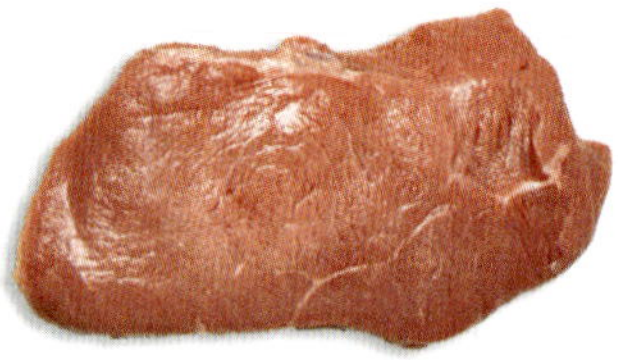

4 Kalbsschnitzel (à 100 g) zwischen zwei Lagen Frischhaltefolie mit einer Pfanne flach klopfen.

2

2 gehäufte EL Mehl, 2 Eier und **4 gehäufte EL Semmelbrösel** getrennt auf drei tiefe Teller verteilen. Das Mehl mit **Salz** und **Pfeffer** würzen, die Eier verquirlen. Die Schnitzel jeweils zuerst im Mehl wenden, dann durch die verquirlten Eier ziehen, zum Schluss in den Semmelbröseln wenden. Panierte Schnitzel nicht übereinanderlegen.

3

4 EL Butterschmalz

4 Zitronenschnitze

Das Butterschmalz in einer großen Pfanne stark erhitzen. 2 Schnitzel hineingeben und bei mittlerer Hitze in ca. 3 Min. goldgelb braten. Schnitzel wenden und auf der anderen Seite in weiteren 3 Min. goldgelb braten. Die fertigen Schnitzel auf Küchenpapier abtropfen lassen, warm stellen und inzwischen die übrigen Schnitzel braten. Schnitzel mit den Zitronenschnitzen servieren.

ZUTATEN

_ 4 Kalbsschnitzel (à 100 g)
_ 2 gehäufte EL Mehl
_ 2 Eier
_ 4 gehäufte EL Semmelbrösel
_ Salz, Pfeffer
_ 4 EL Butterschmalz
_ 4 Zitronenschnitze

DAS KREATIVLABOR

MAL EINGEKLEIDET, MAL GANZ PUR

ES MUSS **NICHT IMMER TRADITIONELL SEIN**

Die Panade mit Semmelbröseln ist Klassik, mit daruntergemischtem **Parmesan** Pop. Zu Rock wird sie durch die Verwendung von **Cornflakes**. Die zerbröselt man zunächst mit der Hand und paniert dann die Schnitzel damit wie gewohnt, egal, ob das Scheiben von Fleisch, Fisch oder als Veggie-Variante von kurz vorgegartem **Sellerie** sind: Scheiben erst in Mehl, dann in Ei und zuletzt in den Bröseln wenden. Die Cornflakes-Panade ist nach dem Braten besonders crunchy.

>>

TRAU DICH

SCHNITZEL »NATUR«

+++ RATZFATZ GEMACHT

Die puren Schnitzel einfach von beiden Seiten anbraten, allerdings etwas vorsichtiger als bei paniertem Fleisch, denn es gibt keine äußere Schutzschicht. Geschmacklich bieten sich Variationen bei dem an, was noch mit in die Pfanne kommt: Das gebratene Fleisch warm stellen und ins Bratfett von Weißwein über Limettensaft und frische Cranberrys bis hin zu Ananasstückchen, Crème fraîche, Pilzen, Paprikastreifen dazugeben, was gefällt.

»In-den-Mund-Hopser«

/// Die Kalbsschnitzelchen liebt garantiert jeder!

lecker...

Für Saltimbocca werden kleine, flach geklopfte ***Kalbsschnitzelchen*** mit je 1 Scheibe luftgetrocknetem ***Schinken*** und 1 ***Salbeiblatt*** belegt. Schinken und Salbei mit Holzspießchen befestigen. Die Scheiben in ***Butter oder Butterschmalz*** bei schwacher Hitze anbraten, zuerst auf der Schinkenseite, dann wenden und kurz weiterbraten. Zum Schluss die Schnitzelchen mit ***Pfeffer*** und ***Salz*** würzen und das Bratfett noch Belieben noch mit einem Schuss ***Wein oder Marsala*** ablöschen.

LEAN WAR GESTERN →→→ **CORDON BLEU**

Dafür dickere Schnitzel einkaufen und in diese horizontal vorsichtig jeweils eine Tasche hineinschneiden. Taschen mit je 1 Scheibe magerem Kochschinken und Käse füllen (Appenzeller, Greyerzer oder auch Emmentaler). Die Tasche durch Andrücken verschließen und das Schnitzel wie beim Prototyp beschrieben panieren und braten. Dabei schmilzt der Käse, was dem Gericht seinen typischen Geschmack verleiht.

Nice to
MEAT
You

DER LECKERSTE FISCH IST IMMER NOCH DER SCHNITZEL

DAS PRINZIP

KOTELETT

/// Ob von Schwein, Kalb, Lamm oder Lachs: Koteletts sind zum schnellen Braten und Grillen perfekt geeignet!

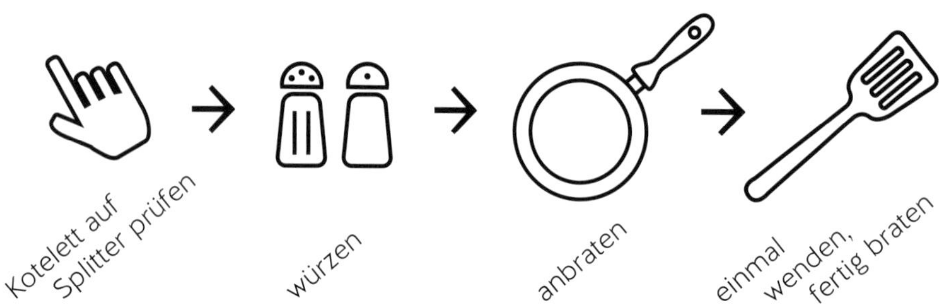

DER PROTOTYP SCHWEINEKOTELETT: Die rustikalen Fleischstücke waren bis in die 1980er-Jahre hinein auf jeder deutschen Speisekarte zu finden. Jetzt erleben sie zu Recht eine Renaissance. Denn das »Fleisch am Stiel« bleibt in der Pfanne herrlich saftig und aromatisch.

DIE KOTELETTS AUF KNOCHENSPLITTER ÜBERPRÜFEN. Dazu mit den Fingerspitzen übers Fleisch streichen, speziell um den Knochen herum, evtl. das Fleisch kalt abwaschen und gründlich trocken tupfen. Beim Braten in der Pfanne darf die Hitze nicht zu hoch eingestellt sein, sonst wird das Kotelett schnell trocken. Und die Pfanne sollte ausreichend groß sein, im Zweifelsfall nimm lieber zwei Pfannen. Den Gargrad kannst Du überprüfen, indem Du mit einem Messer zwischen Knochen und Fleisch einschneidest. Ist das Fleisch minimal rosa, ist es ideal. Koteletts lassen sich auch gut auf dem heißen Grill zubereiten.

IN DER HAUPTROLLE:

Die Scheiben vom Rippenstück eines Tieres, meist vom Schwein, Kalb oder auch Lamm, seltener vom Rind. Sie werden manchmal auch Rippchen genannt. Beim Schwein unterscheiden Metzger die durchwachsenen Nackenkoteletts von den magereren Stielkoteletts, die weiter hinten am Rücken in den Lendenstrang auslaufen. Auch bei größeren Fischarten wie Lachs oder Kabeljau spricht man von Koteletts, wenn sie als vertikal zur Wirbelsäule geschnittene Scheibe und nicht als Filet angeboten werden.

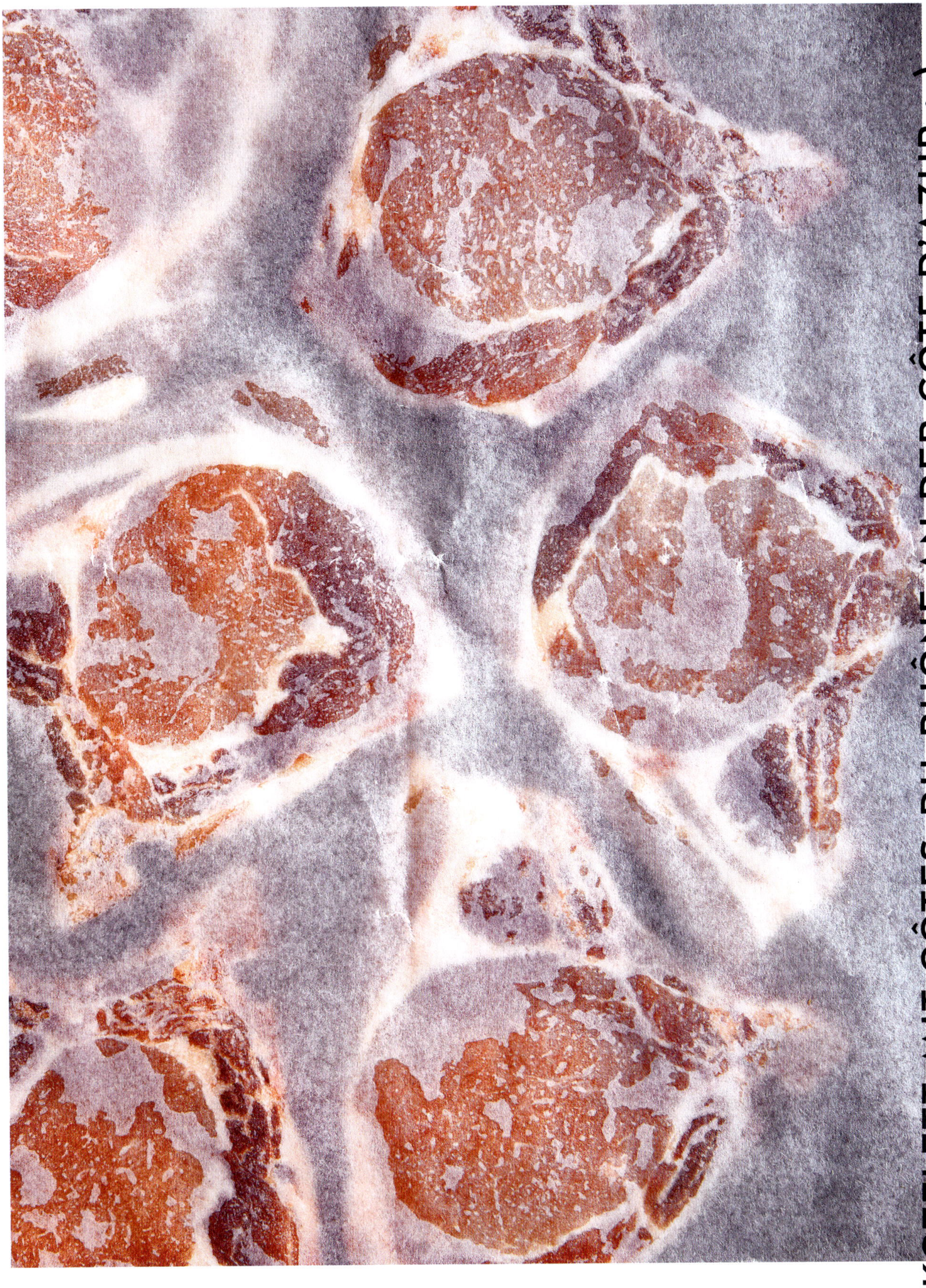

KOTELETT MIT CÔTES-DU-RHÔNE AN DER CÔTE D'AZUR ;-)

DER PROTOTYP SCHWEINEKOTELETT

4 PORTIONEN
25 MIN. ZUBEREITUNG
445 KCAL (PORTION)

1

2 Zwiebeln

Die Zwiebeln schälen und in Streifen schneiden.

2

4 Schweinekoteletts (à 250 g)

Salz & Pfeffer

Paprikapulver

Die Koteletts von Knochensplittern befreien und von beiden Seiten mit Salz, Pfeffer und Paprikapulver würzen.

3

2 EL Öl

1 EL Butter

2 Knoblauchzehen

Das Öl in einer sehr großen Pfanne erhitzen, die Butter darin schmelzen, bis sie zu schäumen beginnt. Die Knoblauchzehen mit einer Löffelrückseite ungeschält andrücken. Die Koteletts mit den Knoblauchzehen in die Pfanne legen und ohne sie zu bewegen bei mittlerer Hitze ca. 5 Min. braten. Dann die Koteletts umdrehen und auf der zweiten Seite weitere 4–5 Min. braten.

4

Die Koteletts aus der Pfanne nehmen und im Ofen bei 80° warm stellen. Im verbliebenen, sehr aromatischen Fett in der Pfanne die Zwiebeln bei schwacher Hitze in 5–6 Min. leicht bräunen. Zum Servieren auf den Koteletts verteilen.

ZUTATEN

_ 2 Zwiebeln
_ 4 Schweinekoteletts (à 250 g)
_ Salz, Pfeffer
_ Paprikapulver
_ 2 EL Öl
_ 1 EL Butter
_ 2 Knoblauchzehen

DAS KREATIVLABOR
ECHT WAS AUF DEN RIPPEN

MIT TOMATEN UND KÄSE **FIX GRATINIERT**

Dicke ***Kalbskoteletts*** mit ***Öl*** einreiben, dann mit ***Salz*** und ***Pfeffer*** würzen. Die Koteletts wie beim Prototyp beschrieben in Öl und ***Butter*** braten, allerdings bei etwas schwächerer Hitze. Dann jedes Kotelett mit 2–3 ***Tomatenscheiben*** und 1 dünnen Scheibe würzigem ***Käse*** wie Comté oder Raclettekäse belegen. Im vorgeheizten Backofen bei 250° oder unter den heißen Grillschlangen in 3–4 Min. gratinieren. Käse und Tomaten bringen im Mundgefühl eine irre Saftigkeit.

>>

TRAU DICH

LACHS MIT CURRY-SAHNE
+++ KOTELETT VOM FEINSTEN

Lachskoteletts 3–4 Min. von jeder Seite in einer ***Öl-Butter-Mischung*** bei schwacher bis mittlerer Hitze anbraten, dann warm stellen, z. B. im Ofen bei 80°. Ins Bratfett 200 g ***Sahne*** und 50 ml ***Wasser*** gießen und ½ TL ***Currypulver*** einrühren. Sauce kurz aufkochen lassen und zum Lachs servieren.

GRILLKLASSIKER

Sehr beliebt sind Schälrippchen, besser bekannt als »Spareribs«.

SO WERDEN SPARERIBS SAFTIG!

Dafür beim Metzger ausdrücklich »Fleischrippen« bestellen, sonst bekommst Du mehr Knochen als Fleisch. Es gibt zwei unterschiedliche Wege zum Genuss: Beim ersten reibt man die Spareribs mit einer Gewürzmischung ein und lässt sie mehrere Stunden, immer wieder mit Bier, Sauce oder Öl bepinselt, auf dem Grill bei schwacher Temperatur gar ziehen. Bei der zweiten Methode kocht man die Ribs in einem großen Topf mit Wurzelgemüse, Tomaten und Gewürzen wie Lorbeer, Piment, Nelken und Wacholder ca. 1 Std. vor, bestreicht sie dann mit Barbecue-Sauce und grillt sie nach Wunsch.

LAMM
AUF DIE SCHNELLE

Nur kurz gebraten werden Lammkoteletts, weil deren Fleischstruktur zarter ist – 2 Min. von jeder Seite sind ausreichend. Anders als beim Schwein darf Lamm innen auch noch kräftig rosa sein. Man bekommt sie entweder als Doppelkoteletts (also senkrecht zur Wirbelsäule geschnitten) mit mehr Fettanteil oder einzeln ausgelöst mit einem längeren Knochen. Zum Mitbraten eignen sich z. B. mediterrane Kräuter, Limettenscheiben und Knoblauch ganz hervorragend.

DAS PRINZIP

GESCHNETZELTES

/// So einfach, so schnell lassen sich Fleischstreifen in ein wunderbares Saucengericht verwandeln.

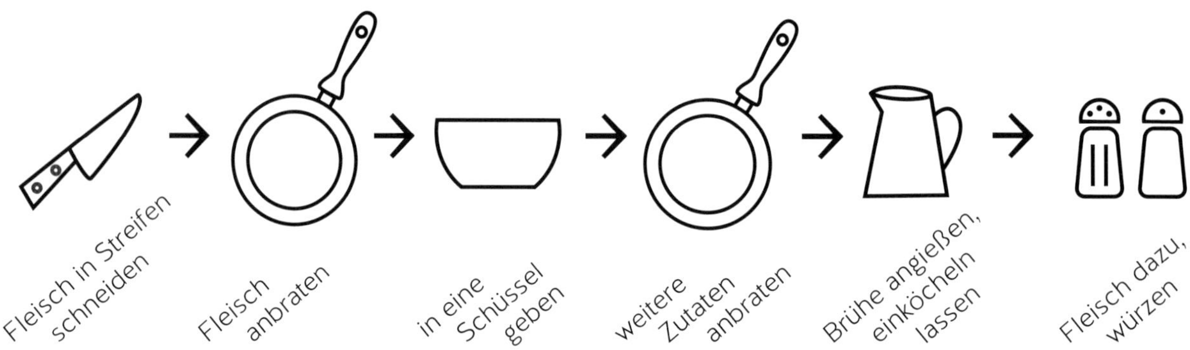

DER PROTOTYP GESCHNETZELTES MIT PILZEN: Unser Geschnetzeltes ist zwar nicht so berühmt wie das Zürcher mit Kalb oder Bœuf Stroganoff mit Rind, dafür schön einfach und wunderbar aromatisch.

GESCHNETZELTES IN ZWEI ETAPPEN ZUBEREITEN! Zunächst das Fleisch in einer großen Pfanne unter Rühren anbraten (es muss aber keine Röstaromen aufweisen), dann in eine Schüssel geben und die Pilze in der Pfanne anbraten. Flüssigkeit dazugießen und etwas einkochen lassen, zum Schluss das Fleisch mit dem Bratensaft wieder dazugeben. Wer mag, kann die Sauce noch etwas mehr eindicken. Dazu entweder eiskalte Butterflöckchen unter die heiße Sauce rühren. Oder Speisestärke in etwas kaltes Wasser rühren, dann unter das Geschnetzelte rühren und alles noch einmal ganz kurz aufkochen.

IN DER HAUPTROLLE:

Zartes Fleisch zum Kurzbraten. Für Geschnetzeltes unbedingt die richtigen Fleischstücke verwenden: Schnitzelfleisch ist preiswert und lässt sich ganz einfach »schnetzeln«, also in schmale Streifen schneiden. Besonders zart wird das Geschnetzelte, wenn Lende oder Filet dabei sind – ob von Rind, Kalb, Schwein, Hirsch, Reh oder Lamm. Und auch Brustfilets von Pute oder Hähnchen sind prima geeignet. Falls Du das Fleisch sofort nach dem Einkauf zubereiten willst, kannst Du es bereits vom Metzger schnetzeln lassen.

KLUGE KÖPFE LIEBEN GESCHNETZELTES!

DER PROTOTYP

GESCHNETZELTES MIT PILZEN

4 PORTIONEN
30 MIN. ZUBEREITUNG
280 KCAL (PORTION)

1

1 Schweinefilet (ca. 600 g) zunächst in Scheiben von ca. 5 mm Dicke schneiden, dann diese in Streifen.

2 Schalotten und **1 Knoblauchzehe** schälen und fein würfeln.

150 g Champignons abreiben und in mundgerechte Stücke schneiden.

4 Zweige Thymian waschen, die Blättchen abstreifen.

2

2 EL Butterschmalz

Anbraten

Salz & Pfeffer

Zunächst 1 EL Butterschmalz in einer großen Pfanne erhitzen und darin das geschnetzelte Fleisch 5–7 Min. bei mittlerer Hitze unter Rühren anbraten. Fleisch salzen, pfeffern und in eine Schüssel umfüllen. Erneut 1 EL Butterschmalz in der Pfanne erhitzen und die Schalotten darin in ca. 3 Min. bei mittlerer Hitze glasig andünsten. Den Knoblauch und die Pilze dazugeben und ca. 5 Min. unter Rühren anbraten, dann leicht salzen und pfeffern.

3

100 ml Brühe

70 g Sahne

1–2 EL Zitronensaft

Die Brühe dazugießen und erhitzen. Die Sahne dazugeben und kurz einköcheln lassen. Den Thymian über die Pilze streuen. Das Fleisch mit dem Bratensaft unterrühren und in der Pilzsauce erhitzen. Das Geschnetzelte nochmals mit Salz, Pfeffer und Zitronensaft abschmecken und heiß servieren.

ZUTATEN

- 1 Schweinefilet (ca. 600 g)
- 2 Schalotten
- 1 Knoblauchzehe
- 150 g Champignons
- 4 Zweige Thymian
- 2 EL Butterschmalz
- Salz, Pfeffer
- 100 ml Brühe
- 70 g Sahne
- 1–2 EL Zitronensaft

DAS KREATIVLABOR

STREIFEN MACHEN SCHLANK ...

AROMEN-KOMBIS

MIT WEIN

MIT KRÄUTERN

MIT SENF

Die **Saucen für Geschnetzeltes** lassen sich beliebig zusammenbauen – je nach Wunscharoma. Estragon und Weißwein bringen eine kräuterige Leichtigkeit, mit Senf eine leichte Schärfe. Weitere Ideen wären beispielsweise Safranbutter, eine Sauce aus Bier, Sahne und Majoran oder eine Variante mit Rotwein und Schmand. Auch Erdnussbutter passt prima.

UND DAZU?

Fragst Du einen Schweizer, was er zu Geschnetzeltem mag, kommt als Antwort: »Rösti natürlich!«. Puffer passen ebenfalls. (Rezept Seite 118). Gut dazu sind auch Bandnudeln oder Reis.

HOT!

Für eine Gyrospfanne 400 g ***Putensteaks*** in feine Streifen schneiden und in einer Schüssel mit 1 EL ***Gyrosgewürz*** und 1 EL ***Öl*** mischen. 2 ***Zwiebeln*** in Streifen schneiden, 2 ***Knoblauchzehen*** hacken. In einer Pfanne das Fleisch und die Zwiebeln bei starker Hitze unter ständigem Rühren braten. Serviert wird Gyros mit Joghurt, den Du mit Zitronensaft, Knoblauch, Salz, Pfeffer und Minze würzt.

US DR SCHWIZ

/// Es gibt internationale Beispiele für Gerichte nach diesem Prinzip, z. B. aus Zürich.

DER KLASSIKER: ZÜRCHER GESCHNETZELTES

Basis ist Kalbfleisch (Schnitzel oder Filet), das vor dem Anbraten noch mit ein wenig Mehl bestäubt wird. Das fungiert beim Braten – wie beim panierten Schnitzel – als Sperre zwischen Fleisch und Fett in der Pfanne, das Fleisch wird knuspriger. Nach dem Braten das Fleisch warm stellen und in der Pfanne die Sauce aus Kalbsfond, Sahne und Weißwein einköcheln lassen und mit Zitronensaft abrunden.

UNKOMPLIZIERT: ASIA-GESCHNETZELTES

Dafür 400 g ***Hähnchenbrustfilet*** schnetzeln, 3 ***Frühlingszwiebeln*** in kleine Stücke schneiden. Beides wird dann in etwas ***Öl*** in der Pfanne angebraten wie beschrieben. 1 in Streifen geschnittene rote ***Zwiebel***, 1 EL ***Ingwerwürfelchen*** und 1 Handvoll ***Zuckerschoten*** dazugeben. Nach Wunsch 200 g ***Ananasstücke*** (geht auch aus der Dose) unterrühren, mit mildem ***Currypulver*** würzen, dann 200 ml ***Kokosmilch*** angießen und erhitzen. Asia-Geschnetzeltes mit ***Soja-sauce*** und ***Pfeffer*** abschmecken.

DAS PRINZIP GULASCH

/// Hier werden Fleischwürfel angebraten und mit Zwiebeln und Gewürzen bei kleiner Hitze sanft geschmort – mit leckerem Ergebnis.

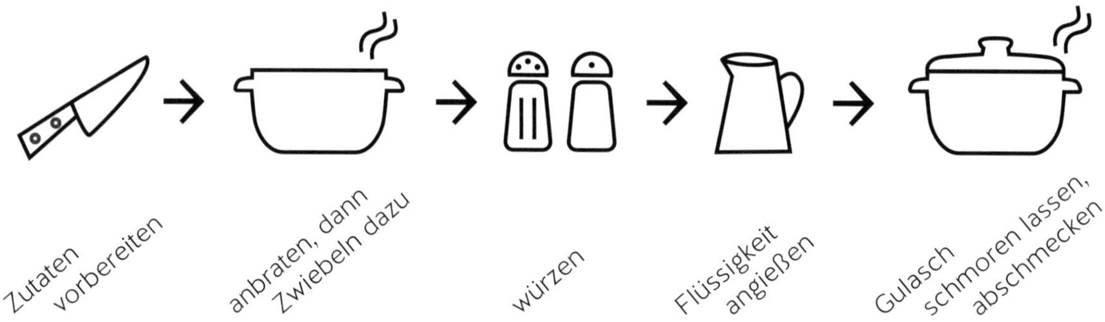

DER PROTOTYP RINDERGULASCH: Der Klassiker, den alle lieben! Zwiebeln, Paprika und Knoblauch sind ein Muss, Tomaten ein Kann. Die Veredelung am Ende mit einem Klecks Crème fraîche ist die Kür.

DAS FLEISCH IN WÜRFEL SCHNEIDEN. Sie sollten ca. 2 cm groß sein, sonst verlängert sich die Garzeit erheblich. Auch die Qualität des Topfes trägt zum Gelingen bei. Ein schwerer Topf speichert die Hitze besser und lässt das Fleisch gleichmäßiger gar werden – auch wenn die Hitze nicht so groß ist. Das Fleisch zu Beginn nicht zu heiß anbraten, die Würfel sollen weder kross noch zu dunkel werden. Gulasch ist perfekt dazu geeignet, gleich größere Mengen davon zuzubereiten. Denn Reste können problemlos eingefroren werden. Und aufgewärmt schmeckt es ebenfalls wunderbar, fast noch besser.

IN DER HAUPTROLLE:

Fleisch zum Schmoren, meist von Rind, Kalb, Schwein, Lamm oder Wild. Es muss hierfür nicht das beste Stück vom Tier verwendet werden, ganz im Gegenteil. Edles Filet beispielsweise ist keinesfalls geeignet, denn es verträgt die lange Garzeit nicht. Hier zeigen einfache, mit Fett oder Sehnen durchzogene Teile ihre Stärke: Beim Kurzbraten können sie zäh werden, das lange Schmoren aber macht sie herrlich saftig und mürbe. Ein weiterer Vorteil: Dieses Fleisch ist auch preiswerter – selbst in Bio-Qualität.

EIGENTLICH WAR'S DAS SCHON FAST.

DER PROTOTYP RINDERGULASCH

4 PORTIONEN
30 MIN. ZUBEREITUNG
2 STD. SCHMOREN
490 KCAL (PORTION)

1

1 kg Rindfleisch in ca. 2 cm große Würfel schneiden.

2 große Zwiebeln und **2 Knoblauchzehen** schälen und hacken.

1 große rote Paprikaschote halbieren, putzen, waschen und in Streifen schneiden.

2

2–4 EL Öl

Zunächst 2 EL Öl in einem großen Schmortopf erhitzen und darin das Fleisch portionsweise bei mittlerer Hitze anbraten, falls nötig, mehr Öl dazugeben. Fertige Portionen mit dem Schaumlöffel herausholen. Zum Schluss Zwiebeln und Knoblauch unter Rühren anbraten, aber nicht bräunen lassen.

3

1 EL Tomatenmark

½ TL Kümmel

1 Lorbeerblatt

Salz & Pfeffer

Das Fleisch wieder in den Topf geben. Die Paprikastreifen mit Tomatenmark, Kümmel und Lorbeer dazugeben. Salzen, pfeffern, vermengen und 1–2 Min. bei mittlerer Hitze braten.

4

3 EL Paprikapulver

½ l Rindfleischbrühe

Schmoren lassen

Alles mit Paprikapulver überstäuben. Brühe angießen. Gulasch umrühren und insgesamt ca. 2 Std. zugedeckt bei schwacher bis mittlerer Hitze schmoren lassen, dabei ab und zu umrühren und beobachten, dass nichts anbrennt. Die Hitze eher kleiner als zu groß schalten. Nach ca. 1 Std. 40 Min. Schmorzeit den Deckel abnehmen und das Gulasch noch 20 Min. offen köcheln lassen. Dann abschmecken.

ZUTATEN

- 1 kg Rindfleisch (z. B. Hals, Hohe Rippe, Oberschale)
- 2 große Zwiebeln
- 2 Knoblauchzehen
- 1 große rote Paprikaschote
- 2–4 Öl
- 1 EL Tomatenmark
- ½ TL Kümmel
- 1 Lorbeerblatt
- Salz, Pfeffer
- 3 EL Paprikapulver, edelsüß
- ½ l Rindfleischbrühe

Aus Nordafrika

EINFACH MAL NEUE …

KREUZKÜMMEL hat mit unserem Kümmel geschmacklich wenig zu tun, gibt einen Orient-Kick

SAFRAN ist das wohl teuerste Gewürz, begeistert den Gaumen mit unglaublichem Geschmack

… AROMEN PROBIEREN!

KURKUMAPULVER gibt dem Gulasch erdigen Geschmack und ist dazu noch gesund, manchmal als frische Wurzel zu kriegen

OLIVEN bringen einen schönen Fruchtaspekt, irgendwo zwischen Gemüse, Gewürz und Obst

MIT LAMM

Für die Orient-Variante 1 kg ***Lammhüfte*** in mundgerechte Stücke schneiden. 500 g ***Kartoffeln*** waschen, schälen und je nach Größe halbieren oder vierteln. 2 ***Zwiebeln*** und 2 ***Knoblauchzehen*** schälen und hacken. In einer Schüssel mit 1 Msp. ***Safranpulver*** und je 1 TL ***Kreuzkümmel***, ***Kurkuma***, ***Paprikapulver*** und 2 EL ***Olivenöl*** mischen. In einem großen Bräter (mit Deckel) bei starker Hitze anbraten. Saft von 2 ***Zitronen*** dazugießen. Im Backofen bei 180° ca. 1 Std. schmoren lassen. 200 g schwarze ***Oliven*** dazugeben. Gulasch weitere 20 Min. schmoren lassen. Mit ***Salz***, ***Pfeffer***, Zitronensaft und übrigen Gewürzen abschmecken. Kreuzkümmel sollte sehr gut herausschmeckbar sein.

Aus Überzeugung

MIT TOFU

Für vegetarisches Gulasch 500 g ***Räuchertofu*** würfeln und mit 4–5 EL ***Sojasauce***, 2 EL geröstetem ***Sesamöl*** sowie 1 TL gemahlenen ***Koriandersamen*** mischen. Tofuwürfel ca. 30 Min. durchziehen lassen, dann abtropfen lassen und in 1 EL ***Öl*** rundum anbraten. Gebratenen Tofu in eine Schüssel geben. Nun in 1 EL Öl 1 gewürfelte ***Zwiebel*** glasig andünsten, 200 g halbierte ***Champignons*** anbraten. Jetzt kommen 100 g ***Sahne*** und 200 ml ***Gemüsebrühe*** dazu, der Tofu und noch 2 EL ***Erdnussbutter***. Alles aufkochen, damit die Sauce etwas bindet. Am Ende können noch halbierte ***Cocktailtomaten***, ***Erdnüsse***, gehacktes ***Koriandergrün*** und ein paar Spritzer ***Limettensaft*** untergemischt werden.

Aus dem Wald

MIT WILD

Für ein Wildgulasch statt Rindfleisch ***Hirsch- oder Wildschwein*** nehmen, ansonsten wie beim Prototyp vorgehen. Als Grundgewürz sind 6–8 ***Wacholderbeeren*** und ein paar ***Pimentkörner*** gut, sind auch in fertigen Wild-Gewürzmischungen drin. Wenn die Sauce schön eingeköchelt ist, rundest Du allerdings alles mal anders ab: Hacke 30–40 g ***Zartbitterschokolade*** und gib' 1 ordentlichen Schuss ***Sirup*** von Granatapfel (Rezep Seite 314), Cassis oder Brombeere dazu. Das fruchtige Element überrascht positiv wie auch die Schokolade und passt hervorragend zum Wild. Grundsätzlich könnte zwar auch noch etwas Schärfe hereingebracht werden, doch die würde zu sehr ablenken.

DAS PRINZIP

SCHMORBRATEN

/// Ein großes Stück Fleisch in einen Braten mit viel Sauce zu verwandeln – das braucht ein bisschen Zeit, gelingt aber mühelos.

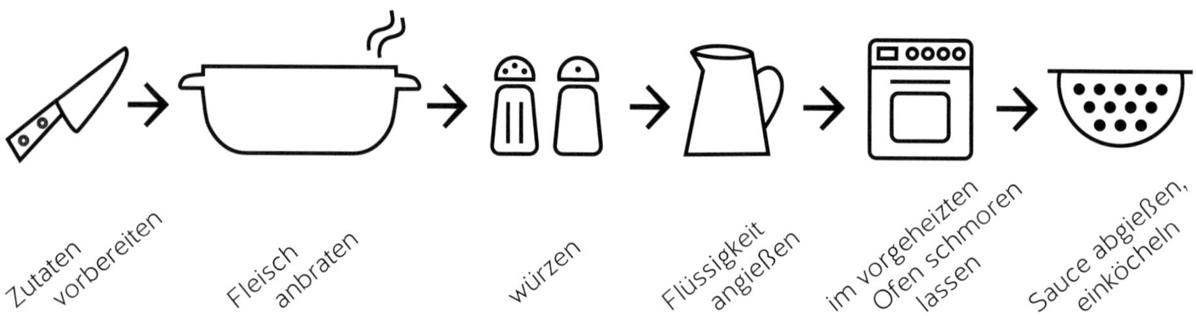

DER PROTOTYP RINDERSCHMORBRATEN: Der ewige Klassiker und beliebte Sonntagsbraten – geduldig zart geschmort, und dazu gibt es eine Sauce zum Reinlegen.

IDEAL IST EIN SCHWERER BRÄTER, DER DIE HITZE GUT LEITEN KANN. Darin das Fleisch zunächst auf dem Herd bei größerer Hitze anbraten, dann den Braten im Ofen weiterschmoren lassen. Hier sollte die Hitze nicht konstant hoch sein. Lieber die Temperatur nach einer kurzen Zeit kleiner schalten und den Braten etwas länger im Ofen lassen. Das Fleisch wird dadurch einfach zarter. Wenn es auf Druck etwas nachfedert, ist es gar. Während am Ende die Sauce sämig einköchelt, kann das Fleisch, in Alufolie gewickelt, noch etwas ruhen. In dieser Zeit entspannt es sich, und der Saft in ihm verteilt sich gleichmäßig.

IN DER HAUPTROLLE:

Das Bratenstück. Das Fleisch für einen Rinderbraten sollte sehr gut abgehangen sein, also mindestens zwei Wochen beim Metzger gereift. Dann ist es nicht mehr intensiv rot, sondern schon eher etwas grauer geworden. Ganz wichtig: Es darf mit Sehnen durchzogen sein, aber nicht völlig fettfrei sein, sonst wird es nach der langen Garzeit zu trocken. Also auf keinen Fall ein teures Rinderfilet nehmen, Hüfte, Oberschale oder auch dicke Schulter sind wesentlich besser geeignet. Gute Metzger beraten Dich gern.

ES DARF GERATEN WERDEN, MIT WELCHER FLÜSSIGKEIT HIER GESCHMORT WIRD.

DER PROTOTYP
RINDERSCHMORBRATEN

6 PORTIONEN
30 MIN. ZUBEREITUNG
2 STD. SCHMOREN
580 KCAL (PORTION)

1

Den **Backofen auf 180°** vorheizen.

2 Bund Suppengrün waschen und in nicht zu grobe Stücke schneiden, dabei den Lauch längs halbieren und besonders gründlich waschen.

2 Zwiebeln und **2 Knoblauchzehen** schälen und grob hacken.

2

1 EL Butterschmalz

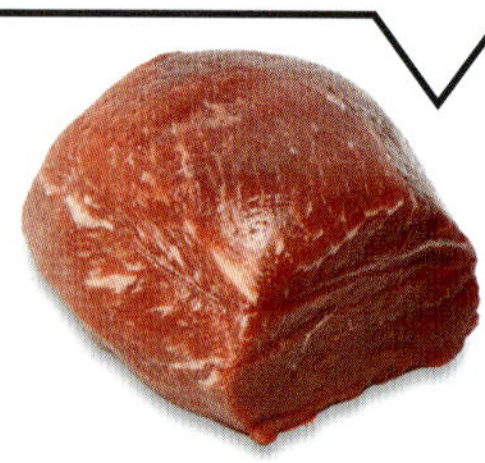

1,5 kg Rindfleisch

Salz & Pfeffer

Das Butterschmalz in einem ofenfesten Bräter mit Deckel erhitzen. Das Fleisch darin bei mittlerer bis starker Hitze von allen Seiten anbraten, dann salzen und pfeffern. Das Fleisch herausnehmen.

3

2 Lorbeerblätter, 6 Wacholderbeeren, 6 Pimentkörner, 1 TL schwarze Pfefferkörner mit **1 Bund Thymian** und dem vorbereiteten Gemüse in den Bräter geben. Alles bei starker Hitze kurz unter Rühren anbraten.

1 EL Tomatenmark dazugeben und mit anrösten.

4

Die Hälfte von **750 ml Rotwein** angießen und einköcheln lassen. **400 ml Rinderfond** und übrigen Wein angießen und aufkochen. Fleisch auf das Gemüse setzen.

5

Bräter zugedeckt in den heißen Ofen (Mitte) schieben. Den Braten ca. 2 Std. schmoren lassen, dabei nach 30 Min. die Hitze auf 150° herunterschalten. Fertigen Braten herausnehmen, in Alufolie wickeln und ca. 10 Min. ruhen lassen.

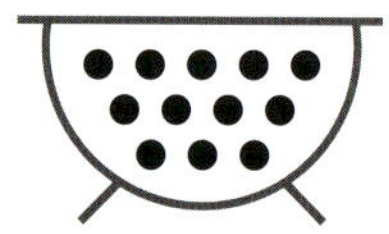

Inzwischen die Sauce mit dem Gemüse durch ein Sieb in einen Topf gießen, das Gemüse gut ausdrücken. Sauce einköcheln lassen, mit dem Braten servieren.

ZUTATEN

- 2 Bund Suppengrün
- 2 Zwiebeln
- 2 Knoblauchzehen
- 1 EL Butterschmalz
- 1,5 kg Rindfleisch (z. B. dicke Schulter)
- Salz, Pfeffer
- 2 Lorbeerblätter
- 6 Wacholderbeeren
- 6 Pimentkörner
- 1 TL schwarze Pfefferkörner
- 1 kleines Bund Thymian
- 1 EL Tomatenmark
- 750 ml kräftiger Rotwein
- 400 ml Rinderfond

TIERISCH GUT GESCHMORT

WER EXPERIMENTIERFREUDIG IST, **GEHT WEG VOM ÜBLICHEN!**

Schau, wie in anderen Ländern gewürzt wird. Aus Nordafrika etwa kommt eine spannende Mischung, die sich Ras el-Hanout nennt: Bis zu 25 verschiedene Gewürze stecken drin, darunter Lavendelblüten, Rosenknospen, Galgant und Kardamom. Einfach das Fleisch mit dem Pulver einreiben.

\>>>

TRAU DICH

OSSOBUCO

+++ GAAAANZ LANGSAM **GEGART**

Kein großer Schmorbraten – wird aber ebenso zubereitet: ***Kalbsbeinscheiben*** (pro Person 1) in ***Butterschmalz*** in einem großen Schmortopf ringsum anbraten, dann kommen ***Oliven***, ***Möhrenstückchen***, ***Schalottenwürfel***, ***Lauchscheiben***, angedrückter ***Knoblauch***, ein paar gehackte ***Sardellenfilets*** und ***geviertelte Tomaten*** sowie 1 ***Lorbeerblatt***, ***Salz***, ***Pfeffer*** und 1 Flasche ***trockener Weißwein*** dazu. Und ein paar Stängel ***Rosmarin*** und ***Thymian*** obendrauf. Deckel drauf, den Topf in den vorgeheizten Ofen bei 90° stellen und für die nächsten 5 Std. vergessen. Das fertig geschmorte Ossobuco vor dem Servieren mit Olivenöl beträufeln und mit Baguette genießen.

MACH'S MAL WILD!

/// Schmoren ist auch im offenen Bräter möglich, wenn genügend Sauce dabei ist.

WAS BESONDERES:
REHBRATEN

Das ***Rehfleisch*** (aus der Keule) mit ***Salz***, ***Pfeffer*** und ***Wildgewürz*** einreiben, von allen Seiten in ***Öl*** anbraten und dann in 750 ml ***Rotwein*** mit 1 Handvoll getrockneten ***Pflaumen***, 1 ***Lorbeerblatt*** und 2–3 ***Nelken*** bei 180° ohne Deckel schmoren. Das Fleisch immer wieder mit der Flüssigkeit übergießen, ab und zu wenden. Mehr als 1 ½ Std. braucht es nicht – im Gegenteil: Wird Reh zu lange gegart, kann es matschig werden, weil die kurzfaserigen Zellen sich auflösen. Wer will, gibt der Sauce zum Schluss noch einen besonderen Dreh mit 1 Schuss ***Portwein*** oder ***Madeira***.

LECKERE
SAUEREI

Einen saftigen **Schweinebraten** bekommst Du, wenn Du das Fleisch (am besten Halsgrat ohne Schwarte) mit zerkleinertem Wurzelgemüse 4–5 Std. im vorgeheizten Backofen garen lässt. Die Temperatur darf dabei beständig nur 120° aufweisen. Vor dem (in diesem Fall nicht zu scharfen) Anbraten das Fleisch mit Senf bestreichen, das gibt eine besonders aromatische Note. Gewürzt wird mit Pfeffer, Salz, Paprikapulver und etwas Kümmel. Statt Wein mal Dunkelbier verwenden.Wer extra viel Sauce mag, gießt zusätzlich noch ca. 400 ml Fleisch- oder Gemüsefond dazu.

MACH DIE WELLE

BUTTER BEI DIE FISCHE

DAS PRINZIP ROULADE

/// Fleischscheiben werden gefüllt, gerollt, gebraten und dann mit Flüssigkeit langsam geschmort, bis sie herrlich mürbe sind und in würziger Sauce baden.

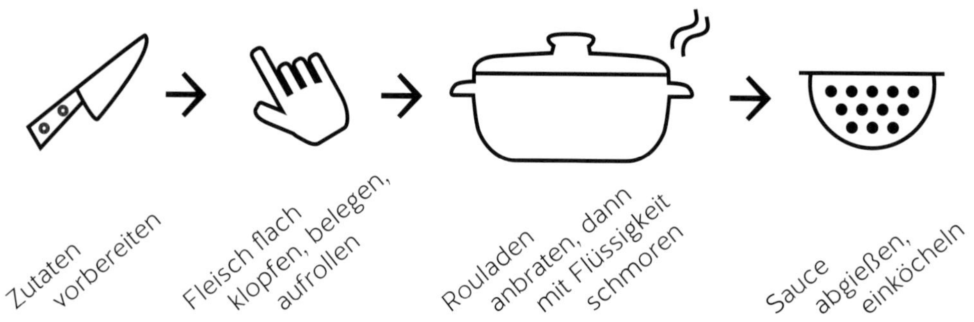

DER PROTOTYP RINDERROULADEN: Das Traditionsgericht mit Gelinggarantie! Das Fleisch wird mit Gewürzgurken und Speck deftig belegt und durch die lange Garzeit wunderbar zart. Und eine aromatische Sauce entsteht ganz nebenbei. Der Sonntagsschmaus ist gerettet!

ROULADEN FLACHER KLOPFEN, am besten zwischen zwei Lagen Klarsichtfolie. Dann wird das Fleisch beim Garen zarter. Die fertig gerollten Rouladen mit Küchengarn umwickeln oder mit Rouladenspießen bzw. Zahnstochern verschließen. So können sie sich beim Garen nicht öffnen. Oder die Rouladen direkt auf der »Naht« anbraten. Dabei zieht sich das Fleisch zusammen und auch die Füllung bleibt, wo sie sein soll, nämlich im Fleisch. Am besten einen breiten Topf verwenden, in dem die Rouladen gut Platz haben.Während die Sauce zubereitet wird, das Fleisch warm stellen, z. B. im Ofen bei 80°.

IN DER HAUPTROLLE:

Bei unserem Prototyp große Rindfleischscheiben. Lass sie Dir vom Metzger zeigen. Die Fleischscheiben sollten ohne durchlaufende Sehnen sein. Die werden zwar nach der langen Schmorzeit auch eher weich, doch gibt es dann die Gewähr, dass das Fleisch gut geschnitten ist und alle Fasern in eine Richtung laufen. Wer einen guten Metzger hat, der auch in diesem Falle abgehangene Stücke verkauft, ist in Sachen Zartheit absolut im Vorteil. Beim Speck wichtig: Die Scheiben sollten schön dünn sein.

ROLL OVER BEEFHOVEN

DER PROTOTYP
RINDERROULADEN

4 PORTIONEN
35 MIN. ZUBEREITUNG
2 STD. SCHMOREN
700 KCAL (PORTION)

1

2 Zwiebeln, 100 g Möhren und **100 g Knollensellerie** schälen, putzen und würfeln.

4 Scheiben Rinderrouladen mit einer Pfanne zwischen zwei Lagen Frischhaltefolie plattklopfen.

4 kleine Gewürzgurken in feine Scheiben schneiden.

2

4 TL Senf

Salz & Pfeffer

8 dünne Scheiben Räucherspeck

Die Rouladen nebeneinanderlegen, mit Senf bestreichen, salzen und pfeffern. Jeweils 2 Scheiben Speck ohne Schwarte und ein paar Gurkenscheiben darauflegen. Rouladen von der schmalen Seite her aufrollen und dabei die Seiten einklappen, so dass nichts herausfallen kann.

3

3 EL Öl

1 EL Tomatenmark

Öl in einem breiten Topf erhitzen, Rouladen darin mit der Naht nach unten anbraten, dann von allen Seiten. Rouladen herausnehmen. Zwiebeln, Möhren, Sellerie im Topf 6–7 Min. anrösten. Tomatenmark dazugeben, gut vermischen und ca. 1 Min. mitrösten. Etwas Fond angießen, einköcheln lassen.

4

500 ml Rinderfond

2 Lorbeerblätter

4 Zweige Thymian

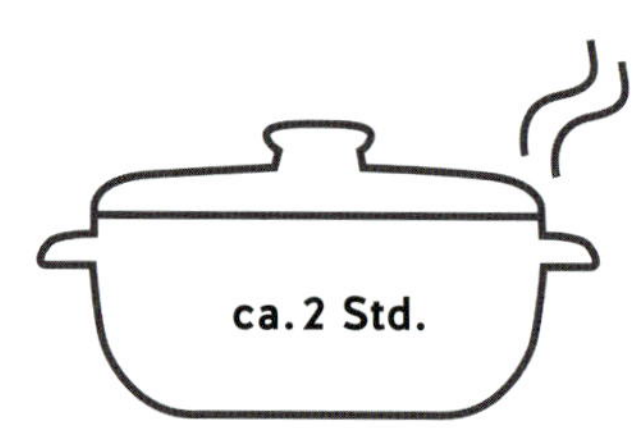

Rouladen schmoren

Rouladen mit übrigem Fond, 200 ml Wasser, Lorbeer und Thymian in den Topf geben, zugedeckt bei schwacher Hitze ca. 2 Std. schmoren lassen, dann herausnehmen. Sauce mit dem Gemüse durch ein Sieb in einen Topf abgießen, Gemüse ausdrücken. Sauce einköcheln lassen, mit den Rouladen servieren.

ZUTATEN

- 2 Zwiebeln
- 100 g Möhren
- 100 g Knollensellerie
- 4 Scheiben Rinderrouladen
- 4 kleine Gewürzgurken
- 4 TL Senf
- Salz, Pfeffer
- 8 dünne Scheiben durchwachsener Räucherspeck
- 3 EL Öl
- 1 EL Tomatenmark
- 500 ml Rinderfond
- 2 Lorbeerblätter
- 4 Zweige Thymian

DAS KREATIVLABOR
LASS DICH EINWICKELN!

NIMM ALLES, **WAS DU KLEIN KRIEGST**

Paprikawürfel, Schnittlauch, Kapern und Frischkäse – das hört sich nach einem leckeren Dip an. Kann aber auch die Füllung für Rouladen sein, wenn man es gerne cremig mag. Oder probier' mal Hackfleisch und Zwiebeln aus, Senffrüchte und Pumpernickelbrösel oder Zucchini und gegarte Graupen. Wichtig nur: die Rouladen immer gut einklappen, damit nichts ausläuft oder rausfällt.

>>

TRAU DICH

KOHLROULADEN
+++ KLASSISCH

Bei 1 Kopf ***Weißkohl*** oder ***Wirsing*** 8 äußere Blätter ablösen, 1 Min. in kochendem Wasser vorgaren, in eiskaltem Wasser abschrecken und trocken tupfen. Die Mittelrippe flach abschneiden. Für die Füllung 600 g ***Hackfleisch*** mit ***Salz***, ***Pfeffer***, 2 EL ***Joghurt***, 1 ***Ei***, 1 TL abgeriebener ***Bio-Zitronenschale*** und 1–2 gehackten ***Schalotten*** vermengen. Mischung auf den Kohlblättern verteilen, dabei jeweils die Ränder frei lassen. Die Blätter werden nun aufgerollt, mit Küchengarn verschnürt, in ***Butterschmalz*** ringsum angebraten und mit 1 Schuss ***Weißwein*** abgelöscht. 400 ml ***Gemüsefond*** angießen und die Kohlrouladen in knapp 30 Min. zugedeckt bei schwacher Hitze garen.

Sea & Country

/// Leicht und zart kommen diese Röllchen daher.

SOMMER-SNACK

Für **Putenröllchen mit Ratatouille-Füllung** 400 g ***Sommergemüse*** (Auberginen, Zucchini, Paprika) würfeln. Zuerst 1 kleine, gehackte ***Zwiebel***, dann das Gemüse in einer Pfanne 3–4 Min. anbraten, 1 gehackte ***Knoblauchzehe*** dazugeben, 1 EL ***Tomatenmark*** mit ***Thymian-*** und ***Majoranblättchen*** unterrühren. Alles mit ***Salz***, ***Pfeffer*** und 30 g geriebenem ***Parmesan*** würzen und auf 4 dünnen ***Putenschnitzeln*** verteilen. Aufrollen, feststecken und in etwas ***Öl*** in 10–12 Min. braten. **Lieber Fischröllchen?** Füllung aus gekochtem ***Reis***, Streifen von ***Paprikaschote*** und ***Mango***, gehackten ***Kräutern*** und etwas ***Chili*** mischen. Die Röllchen werden in eine Auflaufform gelegt, mit ***Butterflöckchen*** belegt, dazu gießt man 150 ml ***Weißwein*** an. Die Röllchen im vorgeheizten Backofen bei 200° mit aufgelegtem Deckel oder mit Alufolie abgedeckt 15–17 Min. garen. Dazu passt eine cremige Sauce aus Sahne, Zitrone und Kräutern wie Dill und Estragon.

PROBIER MAL
ROULADE IN XXL

Für einen **Kalbsrollbraten** 1 kg ***Kalbfleisch*** vom Metzger so aufschneiden lassen, dass es flach und zum Aufrollen geeignet ist. Die Füllung kann aus eingeweichten ***getrockneten Pilzen*** (30 g ***Steinpilze, Shiitake oder Mischpilze***), 300 g frischen ***Champignons***, 1–2 klein geschnittenen ***Schalotten*** und ***Kräutern*** wie ***Thymian*** und ***Oregano*** bestehen. Schalotten, ausgedrückte Pilze und frische Pilze nacheinander in einer Pfanne anbraten, mit den Kräutern, ***Salz*** und ***Pfeffer*** würzen und auf das Fleisch streichen. Fleisch aufrollen, mit Küchengarn binden, rundherum anbraten und im Ofen bei 80° in 2 ½ Std. garen.

DAS PRINZIP

NIEDRIGTEMPERATURGAREN

/// Einen Braten saftig und zart hinzubekommen – mit dem sehr langen Garen bei besonders kleiner Hitze gelingt das ganz ohne Stress.

DER PROTOTYP 80°-LAMMBRATEN: Perfekt als Gästeessen ist z. B. diese Lammkeule, mit niedriger Hitze und ausreichend Zeit zubereitet, wird sie garantiert zart und saftig und nicht zu trocken ...

LASS DICH NICHT ABSCHRECKEN VON DER LANGEN GARZEIT! Niedrigtemperaturgaren dauert zwar etwas, aber Du hast sonst keine Arbeit damit, und es kann nichts schiefgehen. Es heißt, dass man Fleisch anbraten soll, damit sich die Poren schließen. Das ist Quatsch: Haut hat Poren, Fleisch nicht. Es geht allerdings um die Röstaromen: Deshalb wird das Fleisch vor dem Garen im Ofen angebraten. Mit einem Kerntemperaturfühler (gibt es auch in der Digital-Version schon sehr günstig), der mit der Spitze in die Mitte des Fleisches gesteckt wird, hast Du die völlige Kontrolle, wie weit das Fleisch gegart ist.

IN DER HAUPTROLLE:

Der Backofen, der rechtzeitig vorgeheizt werden muss. Und die Lammkeule ohne Knochen. Die meisten Leute mögen beim Braten mageres Fleisch, beispielsweise aus der Keule. Etwas Fett (das man später auch gerne wegschneiden kann) bringt aber mehr Zartheit. Gutes Lammfleisch stammt häufig aus Neuseeland, mehr und mehr aber auch aus Europa, z. B. Frankreich, Irland oder England oder aus deutschen Regionen. Die Tiere sollten möglichst das ganze Jahr im Freien gehalten und nicht zugefüttert werden.

HOHER RELAXFAKTOR FÜR FLEISCH UND MENSCH

DER PROTOTYP

80°-LAMMBRATEN

6 PORTIONEN
25 MIN. ZUBEREITUNG
CA. 4 STD. GAREN
620 KCAL (PORTION)

1

Den **Backofen auf 80°** vorheizen.

Von **1,5 kg Lammkeule** mit einem scharfen Messer die äußere Haut entfernen.

2 Zweige Rosmarin und **1 Bund Thymian** waschen. Die Nadeln bzw. Blättchen abstreifen und fein hacken.

2

2 EL Butterschmalz

Salz & Pfeffer

Das Butterschmalz in einem breiten Topf oder Bräter erhitzen. Das Fleisch darin von allen Seiten rundherum in 2–4 Min. bei starker Hitze anbraten. Das Fleisch aus dem Topf oder Bräter nehmen, etwas abkühlen lassen, dann von allen Seiten kräftig salzen, pfeffern und rundherum mit den Kräutern einreiben. Das Fleischthermometer so ins Fleisch schieben, dass die Spitze inmitten der dicksten Stelle steckt.

3

ca. 4 Std.

Das gewürzte Fleisch wieder in den Topf oder Bräter legen und im heißen Ofen (Mitte) ca. 4 Std. garen. Nach 3 ½ Std. erstmals die Kerntemperatur überprüfen: Bei knapp 60° ist das Fleisch innen durchgehend rosa und sehr zart. Ist die Temperatur noch nicht erreicht, nach ½ Std. erneut kontrollieren. Wer das Lammfleisch gerne etwas mehr »durch« mag, holt es bei 63–65° aus dem Ofen.

ZUTATEN

- _1,5 kg Lammkeule ohne Knochen
- _2 Zweige Rosmarin
- _1 Bund Thymian
- _2 EL Butterschmalz
- _Salz, Pfeffer

DAS KREATIVLABOR
PROBIER'S MAL GEMÜTLICH

GAREN BEI NIEDRIGTEMPERATUR **TUT AUCH FISCHEN GUT …**

… besonders solchen, die wenig Fett haben und leicht austrocknen, etwa Thunfisch, Schwertfisch oder Kabeljau. Ein Rezept zum Kennenlernen: ***Fischsteaks*** 3–4 Std. in einer Mischung aus 150 ml ***Ananassaft***, Saft von 2 ***Limetten*** und 1 EL ***Tomatenmark*** sowie ***Pfeffer*** marinieren, dabei einmal wenden. Steaks in einer Pfanne auf jeder Seite knapp 1 Min. anbraten, dann in einer flachen Form im Backofen bei 100° 10–12 Min. nachgaren, zum Schluss mit ***Salz*** würzen.

>>

TRAU DICH

ENTENBRUST BEI 90°
+++ DER OBERHAMMER

Dafür 1 Entenbrustfilet auf der Fettseite mit einem spitzen, scharfen Messer rautenförmig einschneiden, dann mit der Fettseite in eine kalte Pfanne legen. Die Pfanne erhitzen und das Entenbrustfilet darin in 6–8 Min. kross anbraten. Filet umdrehen und noch 1 Min. auf die Fleischseite braten, dann im vorgeheizten Backofen bei 90° ca. 30 Min. garen, bis eine Kerntemperatur zwischen 62° und maximal 65° erreicht ist.

TREND!

/// »Sous vide«, nennt sich das inzwischen sehr beliebte Garen »unter Vakuum«.

»SOUS VIDE« GART FLEISCH
BESONDERS ZART!

Bei dieser Methode wird das Gargut zuvor vakuumiert. Natürlich haben die wenigsten Menschen ein Vakuumiergerät zu Hause. Dann kannst Du den Metzger oder Fischhändler bitten, die jeweiligen Stücke einzeln in Folie zu ziehen. Der Vorteil von »Sous vide«: Kein Geschmack geht verloren. Gegart wird bei wirklich niedrigen Temperaturen zwischen 50° (bei Fisch) und 80° entweder im Dampfgarer oder in einem Topf, dessen Wassertemperatur Du mit einem Thermometer prüfen solltest. Durch das Vakuum sinken die Beutel übrigens nach unten, schwimmen nicht oben. Funktioniert auch, ist aber im Kopf ein echter Sprung: Den Inhalt im Vakkuumbeutel bei entsprechendem Temperaturprogramm in der Geschirrspülmaschine garen.

ROASTBEEF
ZUM DAHINSCHMELZEN

Du kaufst 1 Stück ***Roastbeef*** (ca. 1,2 kg), ein edles und nicht billiges Fleisch. Das Roastbeef nicht anbraten, nicht würzen! Auf eine flache Schale legen und dann ab damit in den vorgeheizten Backofen bei 60°. Nach ca. 5 Std. ist die gewünschte Kerntemperatur von 60° erreicht – und das Fleisch ist durchgehend rosa und superzart. Aufschneiden und mit ***Pfeffer*** und ***Salz*** würzen.

DAS PRINZIP FRIKADELLE

/// Frikadelle, Burger, Fleischklößchen und Klopse – hier dreht sich alles um kleine Spezialitäten aus Hackfleisch.

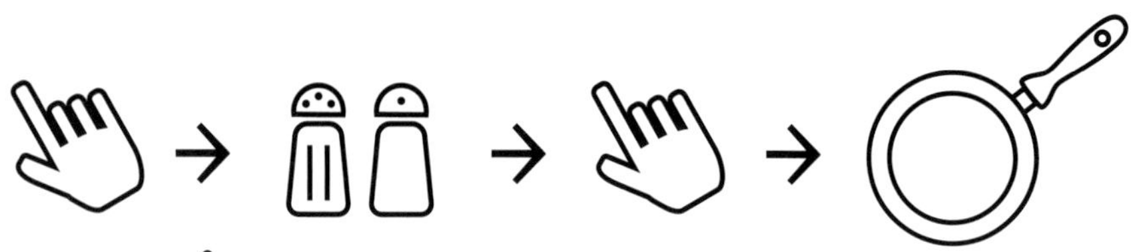

DER PROTOTYP FRIKADELLE: Hackfleischbällchen werden überall gern gegessen – egal, ob sie Bulette, Fleischküchle, Fleischpflanzerl oder Frikadelle heißen. Auch im Ausland liebt man sie: Köttbullar in Schweden, Cevapcici auf dem Balkan, Köfte in der Türkei. Mal sind sie flach, mal rundlich, mal länglich. Das Prinzip dahinter ist immer gleich.

FLACHE FRIKADELLEN FORMEN. Sie lassen sich besser ausbraten. Bei dickeren, runderen besteht die Gefahr, dass sie außen zu trocken werden und innen noch nicht durch sind. Also gewürztes Hackfleisch in gleich große Portionen teilen, daraus zunächst eine Kugel rollen und die dann vorsichtig flach drücken. Ein cleverer Trick, damit alle Buletten gleiches Format bekommen: Besorge Dir für ein paar Euro Dessertringe aus Metall. Hack hineinfüllen und von oben gleichmäßig flach drücken, dann herausnehmen und braten. Und noch gleichmäßiger werden die Frikadellen mit einer speziellen Burgerpresse.

IN DER HAUPTROLLE:

Hackfleisch, entweder Rind oder gemischt Rind und Schwein. Auch Lammhack schmeckt gut. Wer die Frikadelle trockener und magerer haben möchte, nimmt reines Rindfleisch, saftiger wird sie mit einem Anteil Schweinehack. Oder durchwachsenes Rindfleisch beim Metzger gezielt aussuchen und frisch durchdrehen lassen. Rindfleischfrikadellen dürfen innen noch rosa sein, was bei einem hohen Schweinefleischanteil nicht sein sollte. Definitiv Pflicht ist die Frische des Fleisches. Hack am Kauftag zubereiten!

ES GIBT AUCH ALTERNATIVEN FÜR RECHTECKIGE BUNS.

DER PROTOTYP FRIKADELLEN

4 PORTIONEN
20 MIN. ZUBEREITUNG
465 KCAL (PORTION)

1

1 Brötchen vom Vortag

Das Brötchen in einer Schüssel mit Wasser übergießen, gut 2 Min. einweichen lassen, dann kräftig ausdrücken und zerzupfen.

2

600 g gemischtes Hackfleisch

1 Ei

Salz & Pfeffer

Das Hackfleisch mit dem eingeweichten Brötchen und dem Ei gründlich vermischen und mit Salz und Pfeffer würzen. Die Hackfleischmasse zu vier bis sechs Frikadellen gleicher Größe formen, jeweils erst zu Bällchen, dann diese flach drücken.

3

1 EL Butterschmalz

Frikadellen braten

Das Butterschmalz in einer Pfanne erhitzen und die Frikadellen darin bei mittlerer Hitze braten, dabei zunächst auf einer Seite so lange braten, bis sich eine trockene Kruste bildet. Dann die Frikadellen wenden und auf der anderen Seite ebenso braten. Je nach Dicke der Frikadellen (ideal sind 2–3 cm) dauert dies insgesamt 8–12 Min.

ZUTATEN

- 1 Brötchen vom Vortag
- 600 g gemischtes Hackfleisch
- 1 Ei
- Salz, Pfeffer
- 1 EL Butterschmalz

243

DAS KREATIVLABOR
MACH DEIN EIGENES DING!

FRIKADELLEN INTERESSANT UND INDIVIDUELL WÜRZEN

Das kann ein Klacks **Senf** sein (ruhig mal den scharfen Dijon-Senf nehmen!) oder frisch gehackte **Petersilie**. Gewürze wie **Chili- oder Paprikapulver** geben eine schöne Schärfe, fein gehacktes **Zitronengras** und/oder frisch gehacktes **Koriandergrün** eine exotische Note. Einfach untermengen.

>>>

TRAU DICH

HACK SELBER MACHEN
+++ OHNE GRENZEN KOCHEN

Wer einen eigenen Fleischwolf besitzt, muss keinen Metzger suchen, der auch mal Wild-, Kalb- oder Lammfleisch (nach Vorbestellung) durchdreht. Er macht es einfach selbst und weiß mit Garantie, dass es frisch ist. So ein Gerät gibt es mit Kurbel im Handbetrieb oder elektrisch auch schon für kleines Geld. Und nach dem Kauf kannst Du gleich mal ausprobieren, wie ein Lammburger mit Minze und grünem Pfeffer oder ein Wildschweinburger mit rosa Beeren und einer scharfen Gewürzmischung wie Chimichurri schmeckt!

BURGERPARADIES!

/// Frikadellen im Brötchen sind gut, besser aber sind aufregend gewürzte Hamburger!

HSV! HAMBURGER SCHÖN VIELFÄLTIG …

Hamburger sind etwas aufwendiger – aber mit der großen Freiheit für viele Kombinationen. In das Rinderhack lassen sich klein gewürfelte getrocknete Tomaten oder auch Kapern untermischen, mit Cayennepfeffer darf ebenfalls offensiv gewürzt werden. Einen Kalbfleischburger (das Hack dazu beim Metzger vorbestellen) mal mit fein gehacktem Ingwer, ein paar Spritzern Limettensaft und Sojasauce würzen – das gibt einen asiatischen Touch. Ein wesentlicher Aspekt für den Erfolg eines Hamburgers ist – oft unterschätzt – die Qualität des Brötchens. Das lasche, abgepackte Zeugs, ein halbes Jahr haltbar? Vergiss es und nimm frische Brötchen von Deinem Lieblingsbäcker.

TRADITIONELL LECKER:
FLEISCHKNÖPFLE

Sie werden wie unsere Prototyp-Frikadellen gemacht, allerdings mit etwas höherem Brötchenanteil und mit gedünsteten Zwiebelwürfeln, Thymian und fein gehackter Petersilie. Das ideale Hack für Fleischknöpfle ist aus Kalb, Schwein und Rind gemischt, das macht es luftig und saftig. Statt flacher Bratlinge runde, golfballgroße Bällchen formen und in Rinder- oder Gemüsebrühe in ca. 20 Min. gar ziehen lassen.

DAS PRINZIP

GRILLSPIESS

/// Hier zeigen wir, was man so alles auf einen Spieß stecken und mit würziger Marinade zusätzlich aufpeppen kann.

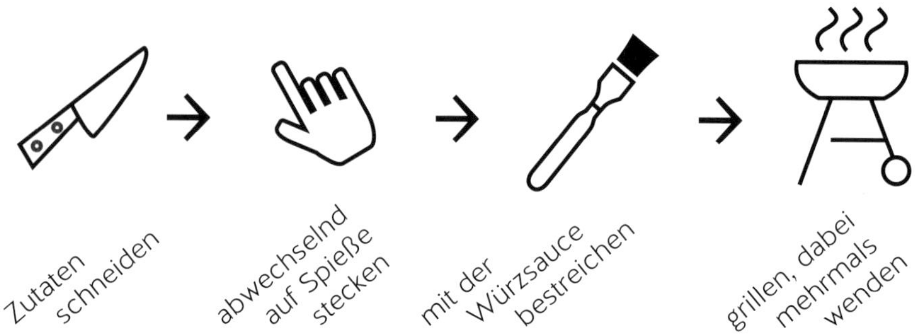

DER PROTOTYP GEMÜSESPIESSE VOM GRILL: Die schmecken allen und machen auch Vegetarier auf dem Grillfest glücklich. Du kannst sie abwechslungsreich variieren – je nach Lust, Laune und Marktangebot.

DAMIT SIE GLEICHMÄSSIG GAREN, sollten die einzelnen Komponenten auf dem Spieß in etwa die gleiche Größe haben. Aus diesem Grund auch die Spieße nicht zu eng und zu voll stecken, sonst kommt die Hitze nicht überall hin. Zutaten mit längerer Garzeit evtl. vorkochen. Holzspieße müssen vor dem Grillen unbedingt gewässert werden, sonst brennen sie an. Metallspieße können immer wieder verwendet werden. Kauf am besten solche mit einem rechteckigen Querschnitt. Sie haben im Gegensatz zu runden den Vorteil, dass sich das aufgesteckte Gargut beim Wenden des Spießes auf diesem nicht dreht.

IN DER HAUPTROLLE:

Verschiedene Gemüsesorten und Pilze, aber auch Fleisch, Fisch, Feta, Tofu – ganz nach Geschmack. Beim Fleisch eignen sich zum schnellen Grillen am besten Stücke zum Kurzbraten von Rind und Schwein, aber auch von Lamm oder Geflügel. Am besten die geschnittenen Würfel noch in eine Würzmarinade einlegen. Das Fleisch wird zarter und bekommt einen Zusatzkick. Und sollte das Wetter nicht mitspielen, können unsere Spieße auch in etwas Öl in der Pfanne gebraten oder unter dem Backofengrill geröstet werden.

VARIIERE, WIE DU WILLST!

DER PROTOTYP
GEMÜSE-GRILLSPIESS

4 PORTIONEN
45 MIN. ZUBEREITUNG
95 KCAL (PORTION)

1

1 Zucchino

1 große Zwiebel

1 rote Paprikaschote

12 Champignons

Den Zucchino waschen und putzen. Die Zwiebel schälen. Die Paprika halbieren, putzen und waschen. Die Champignons abreiben, holzige Stiele wegschneiden. Zucchino, Zwiebel und Paprika in etwa gleich große Stücke (ähnlich wie Champignons) schneiden.

2

1 Zweig Rosmarin

3 Zweige Thymian

3 EL Olivenöl

Salz & Pfeffer

Rosmarin und Thymian waschen. Die Nadeln bzw. Blättchen fein hacken und mit dem Olivenöl verrühren. Das Kräuteröl salzen und pfeffern. Zucchini-, Zwiebel- und Paprikastücke abwechselnd mit den Champignons auf Metallspieße aufstecken und mit dem Kräuteröl rundum bepinseln.

3

Die Spieße auf dem vorgeheizten Grill unter mehrmaligem Wenden von allen Seiten in ca. 10 Min. grillen, dabei mehrmals mit dem Kräuteröl bestreichen. Bei einem offenen Grill eine Grillschale aus Aluminium verwenden. Bei einem Grill mit Deckel zunächst indirekte Hitze verwenden, zum Schluss direkt grillen. Oder die Spieße in einer Grillpfanne braten.

ZUTATEN

- 1 Zucchino
- 1 große Zwiebel
- 1 rote Paprikaschote
- 12 Champignons
- 1 Zweig Rosmarin
- 3 Zweige Thymian
- 3 EL Olivenöl
- Salz, Pfeffer

DAS KREATIVLABOR

SPIESSRUTENESSEN, YEAH!

MIT MARINADE

FRUCHT-KICK

SCHÄRFE-KICK

KRÄUTER-KICK

Egal, ob Fleisch, Fisch, Meeresfrüchte oder Gemüse: Was Du später aufspießen möchtest, kannst Du zuvor 3–4 Std. in eine Marinade einlegen. Wunschkräuter und/oder -gewürze mit etwas Öl vermischen und die Zutaten darin wälzen. Soll es fruchtig werden, reifes Obst, z. B. Pfirsich oder Aprikose in Würfeln unterheben oder Fruchtsaft zur Marinade geben.

ASIATISCH ANGEHAUCHT

Sehr fein sind Garnelenspieße. Der Clou dabei ist, die möglichst großen Garnelen oder Gambas auf angespitztes Zitronengras zu stecken. Das sorgt für ein herrliches Aroma. Die Garnelen dann noch mit einer Marinade aus Öl, Knoblauch, Limettensaft, Salz und vielleicht etwas frisch geriebenem Ingwer beträufeln und vorm Grillen etwas ziehen lassen.

BEST AGER

Genau wie der Grillspieß-Prototyp funktioniert auch das gute alte **Schaschlik**. Bei uns ist es meist mit Rinder- oder Schweinelende bestückt. Traditionell aber werden dicke Würfel von Bauchspeck verwendet – sie geben viel Geschmack und werden gerne mit Zwiebellamellen und Paprikastücken aufgespießt. Schaschlik wie beschrieben grillen und dabei ebenfalls mit Kräuter- oder Würzöl bestreichen.

LAMM? LAMM!

/// Griller in Südosteuropa lieben Lammwürfel mit knofi-würziger Sauce.

LAMMSPIESS MIT KNOBLAUCHDIP

Für die Spieße Lammfleisch aus der Keule in Würfel schneiden, gelbe Paprikaschoten in dazu passende Stücke. Beides abwechselnd mit Cocktailtomaten auf Spieße stecken und in einer flachen Schale mit einer Marinade aus Olivenöl, Salz, Pfeffer, Knoblauch und Kräutern, etwa Thymian oder Rosmarin, mischen. Spieße 3–4 Std. ruhen lassen, dabei ab und zu wenden. Fleisch-Gemüse-Spieße bei mittlerer bis starker Hitze grillen. Dazu passt ein Dip aus Naturjoghurt, Zitronensaft und -schale, reichlich Knoblauch, Salz und Pfeffer. Mit geraspelter Gurke und gehackter Zwiebel drin wird daraus Zaziki.

GRILLSPIESSE AUS DER THAI-KÜCHE: HÄHNCHEN-SATÉ

Anders aufgesteckt wird das Fleisch für Hähnchen-**Satéspieße**. ***Hähnchenbrustfilet*** zunächst längs in Streifen schneiden, nicht in Würfel. Streifen dann ziehharmonikaartig aufstecken und marinieren, z. B. in einer Mischung aus 2 gehackten ***Knoblauchzehen***, ***Pfeffer***, 3 EL ***Sojasauce***, 2 EL ***Fischsauce***, 2 EL ***Öl*** und 1 Prise ***Zucker***.

22

KLUG IST,
ZU WISSEN,
DASS EINE
TOMATE EINE
FRUCHT IST.

SCHLAU IST,
EINE TOMATE
NICHT IN EINEN
FRUCHTSALAT
ZU SCHNIBBELN.

DAS PRINZIP

BRATHÄHNCHEN

/// So gelingt Geflügel im Backofen ganz einfach optimal – mit saftigem Fleisch und knuspriger Haut.

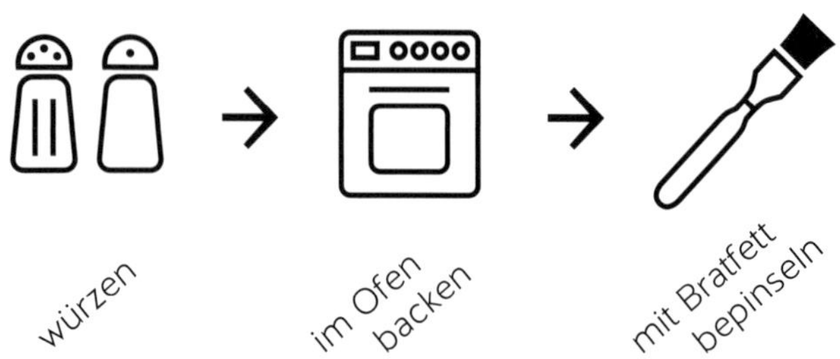

DER PROTOTYP BRATHÄHNCHEN: Hat gut gemacht viele Fans! Und mit unseren Tipps wird es garantiert gut: Die Haut bekommt einen schönen Crunch, das Fleisch darunter wird herrlich zart.

AUF SAUBERKEIT ACHTEN! So gibst Du Keimen und Bakterien keine Chance. Das Geflügel vor dem Garen innen und außen mit Küchenpapier abreiben. Die Arbeitsbretter und sonstige Utensilien nach Gebrauch mit kochend heißem Wasser gründlich spülen. Vor dem Garen die Hähnchenschenkel mit Küchengarn zusammenbinden. So liegen sie dicht am Körper an und garen dadurch gleichmäßiger mit dem Rest des Hähnchens durch. Wer keinen ausreichend großen, ofenfesten Bräter hat, legt das Hähnchen aufs Backblech. Während es gart, die Haut immer mal wieder mit dem ausgebratenen Fett bepinseln.

IN DER HAUPTROLLE:

Bei unserem Prototyp ein großes (Mais-)Hähnchen aus guter Freilandhaltung. Es heißt auch Maispoularde. Gute Fleischqualität kommt zustande, wenn das Tier ausreichend Auslauf hat. So kann es entsprechend Muskel- und damit Fleischmasse aufbauen. Außerdem muss es gut gefüttert werden. Eine Körnermischung mit Maisanteil ist optimal und beim Kauf dadurch ersichtlich, dass die Haut eine eher gelbe statt blasse, weiße Farbe aufweist. Zudem sollte das Huhn möglichst kompakt aussehen.

AUGEN AUF BEIM HÜHNERKAUF: BILLIG TAUGT NIX!

DER PROTOTYP BRATHÄHNCHEN

4 PORTIONEN
15 MIN. ZUBEREITUNG
1 STD. GAREN
570 KCAL (PORTION)

1

Den **Backofen auf 180°** vorheizen.

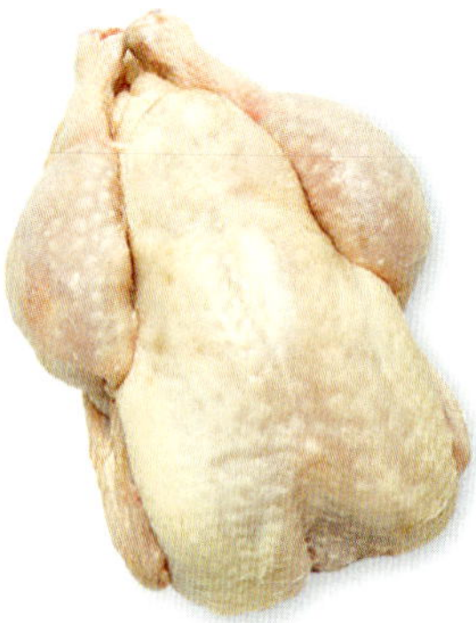

1 großes Hähnchen (Poularde; ca. 1, 7 kg) innen und außen mit Küchenpapier abreiben. Bürzel abschneiden.

2

2 EL Olivenöl

Salz & Pfeffer

1 EL Paprikapulver

Das Hähnchen mit dem Olivenöl bepinseln, innen und außen mit Salz und Pfeffer würzen, außen auch mit Paprikapulver einreiben. Dann das Huhn an den Schenkeln zusammenbinden und in einen Bräter setzen.

3

45 Min.

Das Hähnchen ca. 45 Min. im heißen Ofen (Mitte) garen, dabei immer wieder mal mit dem Fett, das sich im Bräter bildet, bepinseln. Dann die Ofenhitze auf 230° erhöhen und das Hähnchen weitere 15 Min. garen. Dadurch wird die Haut schön knusprig, das Fleisch jedoch bleibt saftig. Das fertige Hähnchen zerteilen und servieren.

15 Min.

ZUTATEN

- 1 großes Hähnchen (Poularde; ca.1,7 kg)
- 2 EL Olivenöl
- Salz, Pfeffer
- 1 EL Paprikapulver, edelsüß

257

DAS KREATIVLABOR

KEINESFALLS FLÜGELLAHM

WÜRZE DEIN HÄHNCHEN, **WIE DU MAGST!**

Du kannst Kräuter klein hacken, mit etwas Öl vermischen und das Huhn damit einreiben. Oder Scheiben von Bio-Orangen, -Zitronen oder -Limetten dazulegen oder in den Bauch stopfen. Ganz edel: ein paar Safranfäden in wenig Wasser einweichen und das Hähnchen damit bepinseln!

>>

TRAU DICH

ENTENBRUST À L'ORANGE

+++ DA SCHNATTERN ALLE!

Entenbrustfilets wie auf Seite 238 beschrieben zubereiten und in den Ofen geben. Im Entenfett in der Pfanne 1 ***Zwiebel*** und 1 EL grünen ***Pfeffer*** (beide gehackt) andünsten. 4 EL ***Cognac***, 200 ml ***Geflügelfond*** und den Saft von 2 ***Orangen*** angießen und offen für 5–7 Min. einkochen lassen. Die ausgelösten Filets von 2 weiteren Orangen dazugeben. Die Sauce mit ***Salz***, ***Pfeffer*** und 1 Prise ***Zucker*** abschmecken und über die Entenbrüste geben.

HAPPY THANKSGIVING

/// Für einen festlichen Anlass mach mal einen ganzen Truthahn, und zwar gefüllt.

ALLES, ABER KEINE TROCKENE BAUSTELLE

Für 8–10 Leute am Tisch brauchst Du einen ***Truthahn*** von ca. 4 kg. Die Füllung besteht aus 400 g mit ***Zwiebeln*** und ***Knoblauch*** angebratenem ***Hackfleisch***. Dazu kommen noch 1 ***Mandarine***, 2 Stangen ***Staudensellerie***, 2 ***Äpfel*** und 1 rote ***Paprikaschote*** – alles geputzt und klein gewürfelt. Füllung mit ***Salz***, ***Pfeffer***, ***Cayennepfeffer*** würzen und mit 150 ml ***Hühnerfond*** vermischen. Füllung in den Bauch des Truthahns geben, der dann mit Spießen verschlossen wird. Den Truthahn auch außen würzen, mit etwas ***Öl*** bepinseln. Schenkel wie beim Brathähnchen zusammenbinden und den Truthahn in den auf 110° vorgeheizten Backofen geben. Rechne pro kg Gewicht mit 1 Std. Garzeit, (hier also ca. 4 Std.). Truthahn alle 20 Min. mit dem austretenden Saft bepinseln. In den letzten 45 Min. die Temperatur auf 180° erhöhen.

WÜRZIGE HÄHNCHEN-SCHENKEL AUS DEM OFEN

Dafür zimmerwarme ***Butter*** mit fein gehacktem ***Knoblauch***, der abgeriebenen Schale von 1 ***Bio-Zitrone***, ***Salz***, ***Pfeffer*** und 1 TL ***Kräuter*** der Provence vermengen. Mit einem Finger vorsichtig die Haut von den Schenkeln lösen (aber nicht entfernen!) und die Würzbutter zwischen Haut und Fleisch verteilen. Die Schenkel mit 100 ml ***Weißwein*** und evtl. ***Cocktailtomaten*** in eine flache ofenfeste Form geben, salzen, pfeffern und im vorgeheizten Ofen bei 180° ca. 50 Min. backen.

GANZER FISCH

/// Keine Angst vor ganzen Fischen! Hier werden sie ganz unkompliziert zubereitet, z. B. im Backofen.

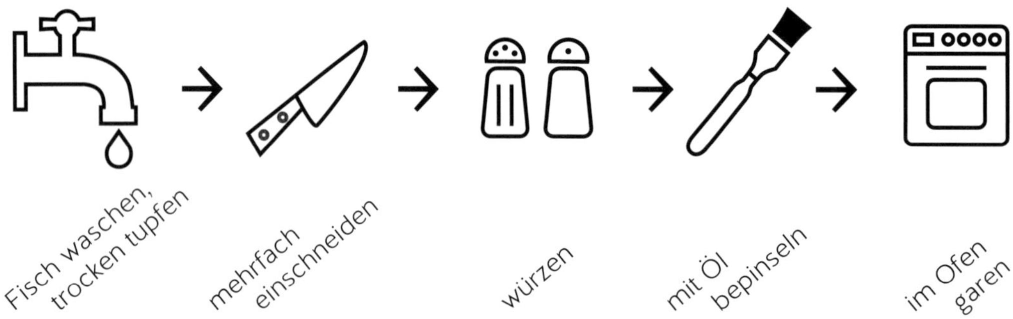

DER PROTOTYP OFENDORADEN: Das unkomplizierteste Rezept für ganze Fische! Wer's einmal probiert hat, wird ein glühender Anhänger davon: Die gewürzten Doraden im Ofen verschwinden lassen und schon nach 20 Min. sind sie servierfertig – einfach genial!

FISCH UNTER FLIESSEND KALTEM WASSER ABWASCHEN, um Schleim und Trubstoffe zu beseitigen, dann mit Küchenpapier trocken tupfen. Vorsicht beim Handhaben: Die Stacheln der Rückenflossen sind sehr spitz! Für das Garen im Ofen und auch auf dem Grill sollten die Fische auf jeder Seite 2–3 Mal ca. 1 cm tief eingeschnitten werden. So kann die Hitze besser ins Fleisch gelangen. Die Fische auf ein geöltes Backblech geben, damit die Haut beim Garen nicht anbäckt. Und mit ein wenig Öl beträufeln, so werden sie nicht trocken. Gartest: Lässt sich die Rückenflosse leicht herausziehen, ist der Fisch fertig.

IN DER HAUPTROLLE:

Ein ganzer Fisch, zum Beispiel Lachsforelle, Wolfsbarsch, Forelle oder Dorade. Von einem großen Fisch mit ca. 1,4 kg Rohgewicht werden vier Personen satt. Bei kleineren Exemplaren besser zwei Fische kaufen, wenn vier Leute mitessen. Um die Frische der Fische zu prüfen, achte auf Augen und Kiemen. Die Augen sollten klar und keinesfalls milchig, die Kiemen leuchtend rot sein. Am besten die Fische vom Händler küchenfertig vorbereiten lassen. Er nimmt sie aus und schuppt sie. Das spart Arbeit und Zeit.

WENN SIE NOCH MIT DEM SCHWANZ WEDELN, SIND SIE SUPERFRISCH …

DER PROTOTYP
OFENDORADEN

4 PORTIONEN
15 MIN. ZUBEREITUNG
20 MIN. GAREN
360 KCAL (PORTION)

1

Backofen auf 180° vorheizen.

2 Doraden (à ca. 800 g) kalt abwaschen und mit Küchenpapier trocken tupfen. Das Fleisch auf jeder Seite zwei- bis dreimal schräg einschneiden.

1 Bio-Limette waschen, in Scheiben schneiden und diese halbieren.

2

Salz & Pfeffer

Je 2 Zweige Rosmarin und Thymian

2 EL Öl

Die Fische innen wie außen salzen und pfeffern. Je 1 Zweig Rosmarin und Thymian sowie ein paar Limettenscheiben in den Bauchraum jeder Dorade stecken. Ein Backblech mit etwas Öl bepinseln. Die Doraden darauflegen und mit restlichem Öl beträufeln.

3

ca. 20 Min.

Das Blech in den heißen Ofen (Mitte) schieben und die Fische darin ca. 20 Min. garen, bis das Fleisch weiß und nicht mehr glasig ist. Dann die Fische herausnehmen und servieren.

ZUTATEN

- *2 Doraden (à ca. 800 g)*
- *1 Bio-Limette*
- *Salz, Pfeffer*
- *2 Zweige Rosmarin*
- *2 Zweige Thymian*
- *2 EL Öl*

DAS KREATIVLABOR

EBEN KEIN STÜCKWERK

GEEIGNETE FISCHE

FORELLE

DORADE

RED SNAPPER

Lachsforelle, **Wolfsbarsch**, **Forelle** oder **Dorade** lassen sich gut im Ganzen garen. 800-g-Exemplare reichen jeweils für zwei Personen, von einem Fisch mit ca. 1,3 kg Rohgewicht werden vier Personen locker satt. Für eine wirklich große Runde kannst Du Dich dann auch mal an einen **Red Snapper** mit 2–3 kg trauen, der nach dem gleichen Prinzip funktioniert, aber eben größer ist. Die Garzeit muss allerdings verlängert werden.

FUNNY FRESHNESS

Die natürlichen Würzpartner von Fisch sind Zitrusfrüchte und Kräuter wie Petersilie, Rosmarin oder Thymian. Statt Zitrone kannst Du mit Grapefruit, Limette oder halbierten Kumquats mal andere Akzente setzen.

VOM GRILL

In einem speziellen Fischkorb lassen sich **Grillforellen** prima zubereiten. Die Fische waschen und trocken tupfen und mit Zitronensaft beträufeln. In den Bauchraum abgeriebene Bio-Zitronenschale, Frühlingszwiebelstücke und Ingwerscheibchen füllen. Fische in den Korb einklemmen, rundum gut mit Öl bepinseln, sodass auch das Metallgitter Öl abbekommt. Nun die Fische unter nur einmaligem Wenden bei indirekter, mittlerer Hitze 10–15 Min. grillen.

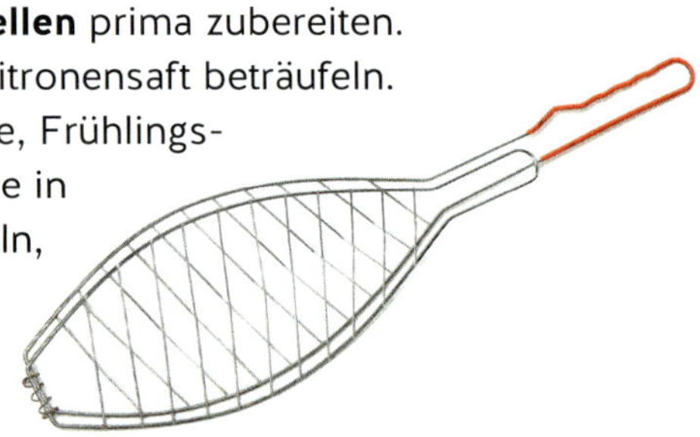

Was Besonderes

/// Sieht spektakulär aus, ist simpel zu machen.

lecker...

Für Fisch im Salzmantel
1 große ***Lachsforelle*** (ca. 1,5 kg) im Bauchraum mit ***Lieblingskräutern*** füllen. 3 kg ***Salz***, 2 ***Eiweiß*** und 230 ml ***Wasser*** mischen. Ein Drittel davon in eine große, ofenfeste Form streichen, Fisch darauflegen und mit übrigem Salzteig zudecken, Teig fest andrücken. Den eingepackten Fisch im vorgeheizten Backofen bei 250° ca. 30 Min. garen, dann die Backofentür für ca. 10 Sek. öffnen, den Ofen ausschalten. Fisch darin noch ca. 15 Min. ruhen lassen. Die Salzkruste mit einem kleinen Hammer aufklopfen. Die Fischhaut abziehen, das Fleisch portionieren und mit flüssiger ***Butter*** beträufelt genießen.

KANN ICH AUCH →→→ **FISCH ZERTEILEN**

Mit einem Messer fährst Du zunächst auf einer Seite an der Rückengräte des Fischs entlang in Richtung Bauch, und zwar von vorne nach hinten. Dabei in großen Stücken das Fleisch von den Gräten heben oder »kratzen«. Ist die eine Seite abgehoben, wird mit Messer und Gabel der Kopf des Fisches angehoben und die komplette Karkasse – also alles, was an Gräten dranhängt – am Stück herausgelöst. Darunter liegt nun die andere Fleischseite.

DAS PRINZIP

FISCHFILET

/// So schnell kann's gehen: Hier werden ausgelöste Fischfilets im Handumdrehen gegart.

DER PROTOTYP ROTBARSCHFILETS: Fischküche für Einsteiger! Mit ihrer feinen Struktur und den weichen Fasern lassen sich die beliebten Filets in wenigen Minuten in der Pfanne braten. Für den puren Genuss braucht es nicht viel: Zitronensaft, eine kleine Prise Salz und Pfeffer und ein paar frische Kräuter reichen schon aus.

FILETS VOR DER ZUBEREITUNG WASCHEN UND TROCKEN TUPFEN. Untersuche sie danach auf Gräten: Dazu mit den Fingerspitzen über das Filet streichen. Aufgespürte Gräten dann mit einer Pinzette herausziehen. Es gibt dafür eigene Fischpinzetten, die etwas breiter sind und mit denen sich auch größere Gräten gut greifen lassen. Das Filet zum Braten ins heiße Fett geben und nur einmal wenden. Wenn sich an der Oberfläche weiße Pünktchen zeigen, ist dies der Hinweis, dass das Eiweiß nun gekocht und der Fisch somit gar ist. Langfaserige Fische wie etwa Thunfisch und Schwertfisch nicht ganz durchbraten.

IN DER HAUPTROLLE:

Küchenfertig zubereitete Filets. Gut geeignet für die Pfanne sind Filets von Seelachs, Kabeljau, Rotbarsch, Lachs, Wels, Zander, Saibling oder Wolfsbarsch. Sie haben festes Fleisch und fallen beim Garen nicht auseinander. Vorteil von Scholle, Seeteufel und Heilbutt: Sie sind fast immer grätenfrei, auch mit Lachs oder Seezunge fährt man in dieser Hinsicht gut. Je flacher das Filet, desto schneller ist es fertig. Und je dicker es ist, desto saftiger bleibt es im Innern. TK-Filets über Nacht im Kühlschrank auftauen lassen.

FRISCHE SEITEN AUFZIEHEN

DER PROTOTYP
ROTBARSCHFILETS

4 PORTIONEN
35 MIN. ZUBEREITUNG
280 KCAL (PORTION)

1

½ **Bund Schnittlauch** in feine Röllchen schneiden.

1 Zitrone auspressen.

2

800 g Rotbarschfilets kalt abwaschen und mit Küchenpapier trocken tupfen.

3

Salz & Pfeffer

2 EL Mehl

Die Fischfilets in vier gleich große Portionen teilen, mit dem Zitronensaft beträufeln, mit Salz und Pfeffer würzen und mit dem Mehl bestäuben.

4

2 EL Öl in einer Pfanne erhitzen und darin die Filets – je nach Dicke – in insgesamt 4–5 Min. von beiden Seiten bei mittlerer Hitze braten, dabei nur einmal wenden. Die Filets mit den Schnittlauchröllchen bestreuen und sofort servieren.

ZUTATEN

_ ½ Bund Schnittlauch
_ 1 Zitrone
_ 800 g Rotbarschfilets (ohne Haut)
_ Salz, Pfeffer
_ 2 EL Mehl
_ 2 EL Öl

DAS KREATIVLABOR
VIELE FILETS VIELLEICHT?

WÜRZMÖGLICHKEITEN

SCHARF

RAUCHIG

KRÄUTERIG

Mit **Curry-** oder **Paprikapulver** lässt sich Fischfilet schnell aufpeppen. Probiere aber auch mal **Rauchsalz** (vorsichtig dosieren!), das gibt ein Aroma, wie wenn der Fisch aus dem Räucherofen käme. Oder lege ein paar intensive **Kräuter** wie Dill, Rosmarin oder Thymian beim Anbraten gleich mit in die Pfanne.

NUTS HAT'S AUCH BEIM FISCH

Raffiniert und doch verblüffend einfach: **Fischfilets in Nusspanade**. Dafür Filets, z. B. vom Heilbutt, mit Salz, Pfeffer und etwas Curry würzen und jeweils in Mehl, verquirlten Eiern und gehackten Nüssen wenden. Die panierten Filets in eine ofenfeste, mit Butter gefettete Form legen, mit ein wenig zerlassener Butter begießen und im vorgeheizten Backofen bei 200° je nach Dicke der Filets 12–16 Min. garen.

MIT HAUT

Werden **Filets auf der Haut gebraten**, bekommen sie ebenfalls einen knusprigen Kick: Die gewürzten und mit Mehl bestäubten Filets zuerst mit der Hautseite ins heiße Öl legen und anbraten, dabei die Filets mit einem Holzlöffel kurz nach unten drücken, damit sich die Stücke nicht nach oben wölben. Ist die Hautseite kross, Filets wenden und noch 1 Min. weiterbraten.

FISCHLAGER

/// Auf einem Gemüsebett garen Fischfilets im Ofen ohne auszutrocknen.

SO WERDEN FISCHFILETS IM OFEN ZUBEREITET

Für ein Gemüsebett z. B. ***Fenchel***, ***Möhren*** und ***Zuckerschoten*** putzen und in kochendem Salzwasser 1 Min. vorgaren. Abgießen, kalt abschrecken und abtropfen lassen. In eine ofenfeste Form verteilen, ein paar halbierte ***Cocktailtomaten*** untermischen. Das Gemüse mit ***Salz*** und ***Pfeffer*** würzen. Fischfilets, z. B. saftige dicke ***Kabeljauloins*** (à 200 g), kalt abwaschen und trocken tupfen. Fisch würzen und aufs Gemüsebett legen. 1 Schuss ***Weißwein*** angießen, alles mit ***Olivenöl*** beträufeln und die Form mit Deckel oder Alufolie verschließen. Alles im vorgeheizten Backofen bei 180° ca. 20 Min. garen, bis die Filets beginnen, auseinanderzublättern.

SCHWERT- UND THUN-**FISCH: GANZ EASY**

Manche Filets, wie beispielsweise Thunfisch oder Schwertfisch, sind vom Fleisch her langfaserig und wollen nicht durchgebraten werden. Perfekt für Thunfisch ist, ihn in zerstoßenen Koriandersamen und Pfefferkörnern zu wälzen und die Filets dann von beiden Seiten nur maximal 1 ½ Min. zu braten. Innen soll er dann noch richtig rot sein, nur außen gegart. Die Filets mit Limettenschnitzen und Koriandergrün servieren.

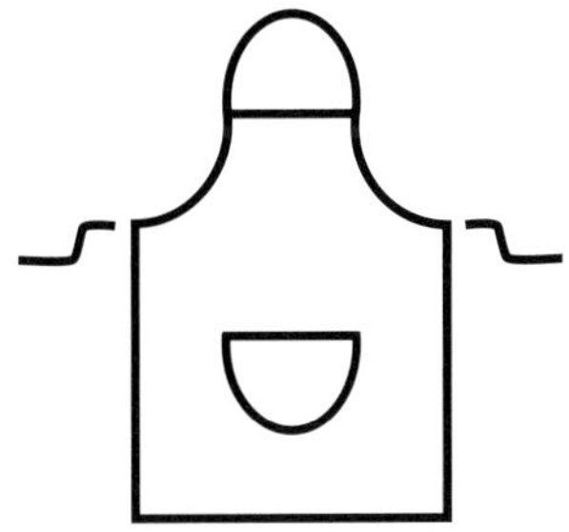

MENSCHEN MIT TALENT
MÜSSEN KEINEN ANZUG TRAGEN, EINE KOCHSCHÜRZE REICHT DA SCHON VÖLLIG AUS.

DAS PRINZIP

GARNELEN & CO.

/// Garnelen, Shrimps, Gambas, Prawns oder Krabben: Hier geht's um Schalen- und Krustentiere und wie man sie richtig vor- und zubereitet.

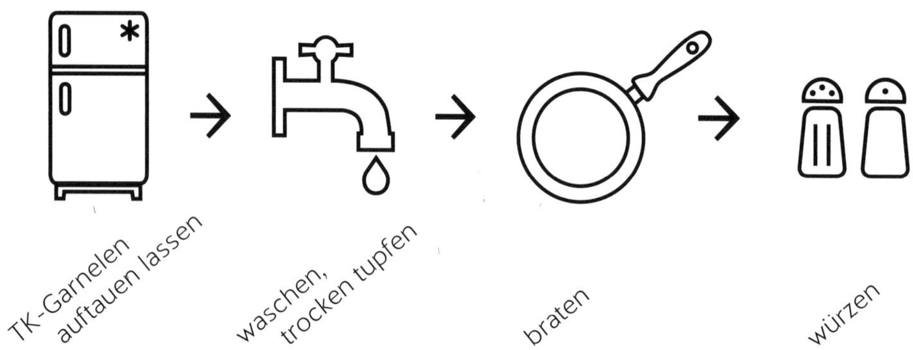

DER PROTOTYP KNOBLAUCHGARNELEN: Die Tapas-Lieblinge sind perfekt geeignet, um sich mit Krustentieren vertraut zu machen. Sie haben übrigens viel Eiweiß, aber so gut wie kein Fett. Deshalb dürfen sie in reichlich knofi-würzigem Öl baden. Mit Weißbrot genießen.

GARNELEN GIBT ES FRISCH ODER TIEFGEFROREN. TK-Ware wird sofort auf dem Kutter bzw. in der Zuchtstation eingefroren, meistens auch schon kurz vorgegart, die Garnelen sind dann rosafarben. TK-Krustentiere am besten langsam über Nacht im Kühlschrank auftauen lassen. Garnelen gibt es küchenfertig und geschält zu kaufen, also »nackt« und bereits entdarmt. Sind sie noch komplett mit Schale und Kopf, Garnelen mit einem scharfen Messer am Rücken entlang in Richtung Schwanz einschneiden und den dunklen Darm vorsichtig herausziehen. Geschälte Garnelen nur kurz braten, sonst trocknen sie aus.

IN DER HAUPTROLLE:

Garnelen, die unter vielen Namen angeboten werden (siehe Seite 279). Große Exemplare heißen »Riesengarnelen« oder »King Prawns«. Bei TK-Garnelen kannst Du durch die Angabe auf der Packung auf die Größe schließen. Steht da etwa »16/20« bedeutet es, dass 16 bis 20 Garnelen ein (englisches) Pfund, also 454 g, ergeben. »6/8« oder »8/12« sind dementsprechend deutlich größere Exemplare. Je dicker sie sind, desto länger solltest Du sie garen – sonst werden sie außen kross und sind innen noch roh.

NICHT IN STÜCK ZÄHLEN, LIEBER IN PFUND

DER PROTOTYP
KNOBLAUCHGARNELEN

4 PORTIONEN
15 MIN. ZUBEREITUNG
12 STD. AUFTAUEN
430 KCAL (PORTION)

1

600 g Garnelen über Nacht im Kühlschrank auftauen lassen. Dann waschen und trocken tupfen.

2

4–6 Knoblauchzehen schälen und fein hacken.

1 rote Chilischote waschen, putzen und hacken. Nach Wunsch die Chili vorher halbieren und die Kerne herausschaben.

½ Bund Petersilie waschen. Die Blättchen fein hacken.

3

120–150 ml Olivenöl

Garnelen braten

Salz & Pfeffer

Das Olivenöl in einer großen Pfanne erhitzen. Knoblauch und Chili darin bei schwacher Hitze 1–2 Min. andünsten. Dann die die Hitze leicht erhöhen. Die Garnelen mit in die Pfanne geben und unter Wenden braten. Nach 2–3 Min. sind sie fertig, nun die Garnelen salzen und pfeffern.

4

Die Garnelen mit dem Öl aus der Pfanne auf Teller geben und **4 Zitronenschnitze** dazulegen. Mit der gehackten Petersilie bestreuen und genießen, am besten mit **Weißbrot**.

ZUTATEN

- 600 g küchenfertige, geschälte TK-Garnelen
- 4–6 Knoblauchzehen
- 1 rote Chilischote
- ½ Bund Petersilie
- 120–150 ml Olivenöl
- Salz, Pfeffer
- 4 Zitronenschnitze

DAS KREATIVLABOR
UND WIE MACH ICH DAS?

COCKTAILPARTY **MIT NORDSEEKRABBEN**

Für einen **Krabbencocktail** vorgegarte und ausgelöste Nordseekrabben (gibt's beim Fischhändler oder auch aus dem Glas) zur Hälfte mit einem Dressing aus Joghurt, saurer Sahne, Zitronensaft, Dill, Salz und Pfeffer verrühren und in mit Salatblättern ausgelegte Schalen legen. Die andere Hälfte der Krabben darüber verteilen und mit Dill bestreuen. Krabbencocktails sind eine schöne Vorspeise oder Häppchen für zwischendurch.

>>

CHILI-GARNELEN
+++ HABEN FEUER

Für diese Variante brauchst Du Garnelen in der Schale, nur der Kopf sollte schon entfernt sein. In einer Pfanne zwei Drittel Olivenöl und ein Drittel Chiliöl erhitzen. Darin die Garnelen von beiden Seiten bei mittlerer Hitze in ca. 4 Min. anbraten. Nicht zu viel Chiliöl verwenden! Das raubt einem sonst mit seinen ätherischen Ölen buchstäblich den Atem, bringt aber wohldosiert eine angenehm scharfe Note. Praktisch: Die Garnelen müssen auch gar nicht weiter gewürzt werden.

Von Crevettes bis Camarones

/// Damit man mitreden kann.

Garnelen werden auf Englisch »prawns« oder »shrimp« genannt, auf Französisch »crevettes«, auf Italienisch »gamberi« oder »gamberetti« und auf Spanisch »camarones« oder ebenfalls »gambas«. Hierzulande wird sprachlich alles zusammengeworfen, was Verwirrung schafft. Shrimps heißen bei uns die kleinen Grönland- oder Tiefseegarnelen. Richtig groß und superlecker ist der Kaisergranat, den wir besser unter seinem italienischen Namen »scampo« (Mehrzahl »scampi«) kennen. Einmal geschält, sind Scampi und Garnelen kaum zu unterscheiden, doch meist kommen Garnelen geschält in den Handel.

NACKIG MACHEN →→→ **GARNELEN SCHÄLEN**

Zum Schälen eine Garnele in beide Hände nehmen und an der Verbindungsstelle von Rumpf und Kopf so lange hin- und herdrehen, bis sich der Kopf löst und abgezogen werden kann. Zwischen Füßchen und Fleisch die Schale vorsichtig von unten her ablösen. Mit einem scharfen Messer vom Kopfende her zum Schwanzende hin am Rücken mittig leicht einschneiden und den Darm mit den Fingern herausziehen.

DAS PRINZIP

MUSCHELN

/// Mit der richtigen Auswahl und Vorbereitung gelingen Muscheln ganz einfach und schnell.

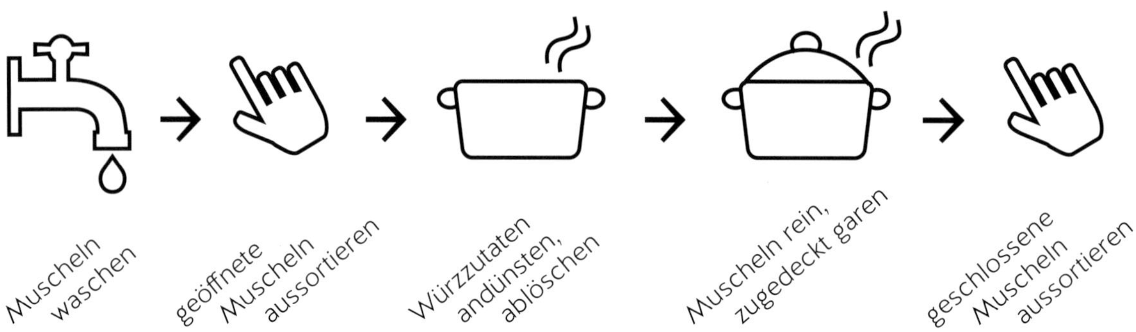

DER PROTOTYP MIESMUSCHELN IN WEISSWEIN: Hier garen Muscheln in würzigem Sud – ein einfaches Rezept auch für alle, die bisher noch keine großen Erfahrungen mit Meeresfrüchten gesammelt haben. Und so lecker, dass Du pro Person 500 g kalkulieren kannst.

ALLE MUSCHELN VOR DER ZUBEREITUNG CHECKEN, zunächst daran riechen: Duftet es nach Meer und Algen, ist das schon mal ein gutes Zeichen. Als nächstes folgt der optische Test: Beschädigte Muscheln landen im Müll. Dann die Muscheln waschen. Alle, die sich jetzt nicht schließen, unbedingt aussortieren. Nach dem Garen müssen sie dagegen offen sein. Alle, die dann noch geschlossen sind oder sich nur einen kleinen Spalt geöffnet haben, dürfen keinesfalls gegessen werden. Beim Essen eine leere Muschel als »Zange« nehmen und damit das Fleisch aus den anderen Muscheln picken.

IN DER HAUPTROLLE:

Frische Muscheln. Früher hieß es, man solle sie nur in Monaten mit dem Buchstaben »r« genießen. Das hatte seine Berechtigung, als es noch keine Kühlketten gab. Heute kannst Du Muscheln aller Art bedenkenlos rund ums Jahr kaufen. Sie sind meist abgepackt in Vakuumbeuteln. Das Haltbarkeitsdatum im Auge behalten. Muscheln zu Hause immer im Kühlschrank lagern und – vor allem lose gekaufte – möglichst sofort oder tags darauf verzehren. Manchmal hängt an der Schale noch ein »Bart« – den einfach herausziehen.

WILLKOMMEN ZUM HEUTIGEN KURS »MANDALAS MIT MUSCHELN LEGEN«!

DER PROTOTYP

MUSCHELN IN WEISSWEIN

4 PORTIONEN
45 MIN. ZUBEREITUNG
180 KCAL (PORTION)

1

2 kg Miesmuscheln geruchlich und optisch checken und waschen. Muscheln, die sich dann nicht schließen, aussortieren. Muscheln falls nötig entbarten.

2

1 Zwiebel und **2 Knoblauchzehen** schälen und fein würfeln.

2 Möhren waschen, putzen und fein würfeln.

300 g Tomaten waschen und würfeln.

4 Stängel Petersilie waschen. Die Blättchen fein hacken.

3

1 EL Öl

300 ml Weißwein

200 ml Gemüsebrühe

Salz & Pfeffer

Das Öl in einem großen Topf erhitzen. Die Zwiebelwürfel darin bei mittlerer Hitze kurz andünsten, den Knoblauch und die Möhren dazugeben und ca. 5 Min. mitdünsten. Weißwein angießen und einköcheln lassen, dann die Brühe angießen. Alles bei starker Hitze aufkochen und mit Salz und Pfeffer würzen.

4

Die Muscheln mit den Tomaten dazugeben und zugedeckt bei starker Hitze ca. 5 Min. garen. Muscheln, die sich dann noch nicht geöffnet haben, wegwerfen. Den Sud mit Salz, Pfeffer und **1 Prise frisch geriebener Muskatnuss** abschmecken. Offene Muscheln mit Petersilie bestreuen und mit dem Sud servieren.

ZUTATEN

_ 2 kg Miesmuscheln
_ 1 Zwiebel
_ 2 Knoblauchzehen
_ 2 Möhren
_ 300 g Tomaten
_ 4 Stängel Petersilie
_ 1 EL Öl
_ 300 ml Weißwein
_ 200 ml Gemüsebrühe
_ Salz, Pfeffer
_ Muskatnuss

NOCH MEHR MUPFELN

MUSCHELSORTEN

MIESMUSCHELN

JAKOBSMUSCHELN

SCHWERTMUSCHELN

Muscheln kommen flach, dick, hell, dunkel, glatt oder stark gerippt daher. Kammmuscheln wie die Jakobsmuscheln gelten als kulinarische Königsdisziplin (siehe auch unten). Viele Sorten werden in größerem Umfang produziert, indem man sie als junge Tiere in Muschelgärten »aussät« oder sie an Tauen oder Kästen im Wasser züchtet.

MIT SAFRAN ODER MARTINI

Den **Sud für die Muscheln** kannst Du vielfältig variieren: Safran und Sahne oder Kokosmilch gehen dabei eine ebenso passende Liaison ein wie Geflügelbrühe mit Weißwein und 1 Schuss weißem Portwein oder trockenem Martini.

SEHR EDEL!

Frische Jakobsmuscheln sind schnell zubereitet. Sie werden in der Pfanne von beiden Seiten ca. 3 Min. angebraten, bis sie dunkle Bratspuren aufweisen. Innen sollten sie dann noch nicht ganz durchgegart sein, eher noch saftig glänzen.

FANTASTICO!

/// Venusmuscheln sind deutlich kleiner als Miesmuscheln und schmecken leicht nussig.

UND DAS WIRKT SOGAR APHRODISIEREND!

Mit Venusmuscheln machen die Italiener sehr gerne **»Spaghetti alle vongole«**: Dafür 800 g ***Muscheln*** wie beim Prototyp beschrieben checken und waschen. In einer Pfanne mit 1 ***Knoblauchzehe*** und 1 ***Chilischote*** (jeweils gehackt) anbraten. 3 klein gewürfelte ***Tomaten*** dazugeben, dann auch noch 1 Schuss ***Weißwein***. Nach ca. 5 Min. bei mittlerer bis starker Hitze sind die Muscheln gar. Jetzt geschlossene Muscheln aussortieren. Muschelsud kräftig salzen, ***Petersilie*** untermischen und alles sofort mit der frisch gekochten Pasta vermengen.

WIE WÄR'S MAL **MIT AUSTERN?**

Sie werden meistens roh gegessen, daher ist bei ihnen Frische oberstes Gebot. Der Weg zum Genuss: Austern mit dem Austernmesser direkt am Scharnier aufhebeln und mit Zitronensaft beträufelt schlürfen. Kein Werkzeug zur Hand, um die Austern zu öffnen? Dann auf den Grill mit ihnen! Und zwar mit der gewölbten Seite nach unten. Bei einem Grill mit Deckel, diesen zumachen – über die Hitze entsteht Wasserdruck (Dampf) in den Austern, sie öffnen sich von ganz alleine. Und schmecken fantastisch. Funktioniert auch im Backofen bei 200°.

DAS PRINZIP TINTENFISCH

///Sepien, Kalmare und der große Oktopus – hier steht die Familie der Tintenfische im Mittelpunkt.

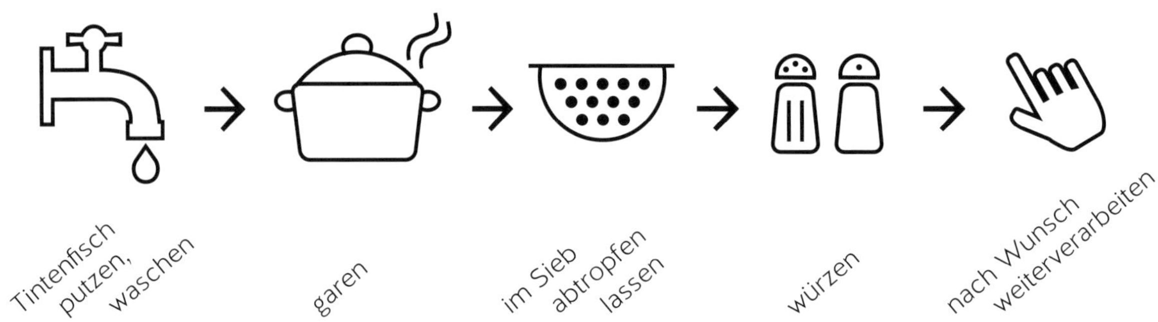

DER PROTOTYP TINTENFISCHSALAT: Ganz einfach aus Tintenfischtuben! Sie werden geköchelt und dann salatfein gemacht – mit frischem Gemüse und feinem Zitronendressing.

TINTENFISCHE MÖGLICHST KÜCHENFERTIG GEPUTZT KAUFEN! Dann müssen sie nur noch gewaschen werden. Damit sie weich und zart werden, sollten sie entweder sehr kurz oder sehr lange garen. Kleine Sepia oder Kalmare werden nur für ein paar Minuten in der Pfanne geschwenkt, idealerweise vorher in sprudelnd kochendem Wasser ca. 30 Sek. blanchiert. Tintenfischtuben solltest Du dagegen ca. 45 Min. köcheln lassen. Oktopus wird, weil er wesentlich dickeres Fleisch hat, sogar mindestens 1 Std. in Wasser oder leichter Brühe gegart und dann erst gebraten, gegrillt oder als Salat angemacht.

IN DER HAUPTROLLE:

Auf unserem Speiseplan stehen drei Arten von Tintenfischen: Sepien und Kalmare (die haben jeweils zehn Arme) sowie die wesentlich größeren Kraken (mit nur acht Armen), die wir auch Oktopus oder Pulpo nennen. Anders als bei Sepia und Kalmar sind beim Oktopus lediglich die Fangarme interessant. Generell gilt: Je kleiner die Tintenfische, desto zarter sind sie. Tintenfischtuben sind die hohlen Körper. Sie können auch gefüllt und gebraten oder in Ringe geschnitten, paniert und frittiert werden (»Calamari«).

IHR KENNT MICH NOCH AUS »PIRATES OF THE CARIBBEAN«, ODER?

DER PROTOTYP
TINTENFISCHSALAT

4 PORTIONEN
1 STD. ZUBEREITUNG
345 KCAL (PORTION)

1

800 g küchenfertige Tintenfischtuben kalt abwaschen. (Wer mag, nimmt auch noch Fangarme mit dazu).

Von **2 Bio-Zitronen** 1 Zitrone in Scheiben schneiden, die übrige auspressen.

2

Salz

100 ml Weißwein

2 Lorbeerblätter

Ca. 1,5 l Salzwasser aufkochen. Tintenfischtuben mit Wein, Lorbeer und Zitronenscheiben darin ca. 45 Min. bei mittlerer Hitze köcheln lassen. Herausnehmen, in einem Sieb abtropfen und abkühlen lassen.

3

Inzwischen **2 Stangen Staudensellerie** waschen, putzen und in Scheiben schneiden.

3 Tomaten waschen, halbieren und würfeln.

1 Schalotte, 2 Knoblauchzehen schälen und fein würfeln.

50 g schwarze Oliven ohne Stein grob würfeln.

4

4 Stängel Petersilie

Pfeffer

Zucker

4 EL Olivenöl

Die Tintenfischtuben in Stücke schneiden. Mit Sellerie, Tomaten, Schalotten, Knoblauch und Oliven in eine Schüssel geben. Die Petersilie waschen. Die Blättchen fein hacken und untermischen. Zitronensaft mit Salz, Pfeffer, 1 Prise Zucker und dem Olivenöl verrühren und unter den Salat mischen.

ZUTATEN

- 800 g küchenfertige Tintenfischtuben
- 2 Bio-Zitronen
- Salz
- 100 ml Weißwein
- 2 Lorbeerblätter
- 2 Stangen Staudensellerie
- 3 Tomaten
- 1 Schalotte
- 2 Knoblauchzehen
- 50 g schwarze Oliven ohne Stein
- 4 Stängel Petersilie
- Pfeffer
- Zucker
- 4 EL Olivenöl

DAS KREATIVLABOR
SELTSAME TIERE, KLASSE GESCHMACK

CALAMARETTI – **FIXE, KLEINE KLASSIKER**

Die kleinen Kalmare sind besonders unkompliziert in der Zubereitung. Diese Minituben (und die noch kleineren Fangarme) brauchen in der Pfanne nicht mal 1 Min., um mit gehacktem Knoblauch, etwas Chilischote sowie ein paar Kirschtomaten, Basilikum und Petersilie der perfekte Partner für Spaghetti zu werden. Fix, leicht und echt geschmackvoll!

>>>

TRAU DICH

OKTOPUS-SALAT
+++ GROSSER GENUSS

1 frischen ***Oktopus*** unter fließendem Wasser abspülen und in einem Topf wie beim Prototyp beschrieben mit ***Salzwasser***, ***Wein***, 1 ***Lorbeerblatt*** und 1 in Scheiben geschnittenen ***Bio-Zitrone*** ca. 1 Std. bei mittlerer Hitze garen, bis das Fleisch weich, aber noch bissfest ist. Herausnehmen und in einem Sieb abkühlen lassen. Inzwischen ***Gemüse***, ***Oliven***, ***Petersilie*** und ***Dressing*** wie beschrieben vorbereiten. Oktopusarme in Stücke oder Scheiben schneiden und mit den übrigen Zutaten in einer Schüssel mit dem Zitronendressing gut vermischen.

WHOW!

/// Hier findest Du noch mehr Ideen für Tintenfischtuben.

TINTENFISCHTUBEN KANNST DU AUCH …

… grillen oder braten – und zuvor füllen, beispielsweise mit gegartem Reis und Spinat oder auch nur mit (vorgegartem) Gemüse nach Wunsch. Bei frischen Tuben zunächst noch die äußere Haut abziehen, bei TK-Tuben ist dies bereits erledigt. Die ungefüllten (und möglichst nicht zu kleinen) Tuben zunächst in einer Marinade aus Zitronensaft, Olivenöl und Knoblauch ca. 8 Std. – am besten über Nacht – im Kühlschrank durchziehen lassen. Die Füllung nicht zu fest stopfen, da sich die Tuben beim Garen zusammenziehen und aufplatzen könnten. Tuben mit einem Zahnstocher an der Öffnung verschließen. Auf dem Grill oder in der Pfanne in etwas Öl in ca. 15 Min. bei starker Hitze rundum grillen oder braten, bis der Tintenfisch weich ist.

PRIMA ZUM RINGE **TAUSCHEN: CALAMARI**

Für **frittierte Tintenfischringe** 2 ***Eier*** trennen. Eigelbe mit 150 g ***Mehl***, 150 ml ***Bier***, ***Salz***, ***Pfeffer***, ***Paprikapulver*** und 1 EL ***Öl*** verrühren. Eiweiße steif schlagen und unterheben. Tintenfischtuben in Ringe schneiden, durch den Teig ziehen und in einem Topf in reichlich heißem ***Frittieröl*** portionsweise goldbraun ausbacken. Frittierte Calamari kurz auf Küchenpapier abtropfen lassen.

HERDPRÄMIE

KANN ICH AUCH… FANGEN SPIELEN

DAS PRINZIP

MOUSSE

/// Hier geht`s um süße Schaumschlägerei: Die Weiterentwicklung des Puddings ist eine gefühlte Luftigkeit im Mund.

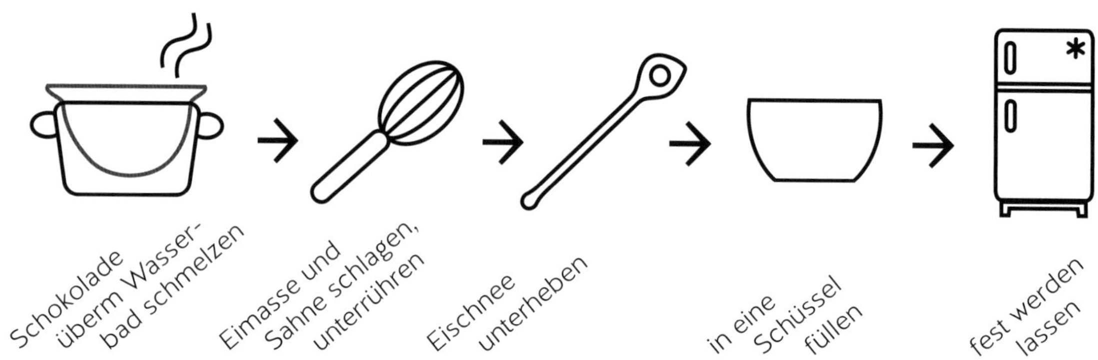

DER PROTOTYP MOUSSE AU CHOCOLAT: Auf dem Partybüffet ist die Schüssel mit Mousse au chocolat meist als erstes leer. Warum der raffinierten Creme niemand widerstehen kann? Hier wird das Geheimnis gelüftet – im wahrsten Sinne des Wortes.

FÜR EIN WASSERBAD brauchst Du einen Topf und eine in der Größe dazu passende Edelstahlschüssel. 1–2 cm hoch Wasser in den Topf füllen und aufkochen. Die Schüssel darüberhängen oder-setzen. Die Schokolade oder Kuvertüre in die Schüssel geben. Nun kann sie schmelzen und brennt dabei garantiert nicht an. Du kannst die fertige Mousse in Förmchen portioniert servieren. Besonders schön und professionell sieht es aber aus, wenn mit einem oder zwei Löffeln Nocken abgestochen werden. Dazu die Löffel vor jeder neuen Nocke in heißes Wasser tauchen, dann gehen sie besser durch die Mousse.

IN DER HAUPTROLLE:

Schokolade, Eier und Sahne. Achte bei den Zutaten auf Qualität. Die Mousse soll schmelzig und cremig werden. Das gelingt nicht mit Billigschokolade. Nimm am besten dunkle Kuvertüre oder edelbittere Schokolade mit hohem Kakaoanteil ab 60 Prozent. Sie wird in der Regel feiner gemahlen und länger gerührt, schmilzt deshalb cremiger im Mund. Die verwendeten Eier sollen frisch sein (höchstens 10 Tage alt), denn die Mousse wird ja kalt verarbeitet, das Ei daher nicht erhitzt. Bei der Sahne keinesfalls zu einem Light-Produkt greifen.

EBEN NICHT: MILCHSCHOKOLADE WÄRE DIE SCHLECHTERE WAHL.

DER PROTOTYP

MOUSSE AU CHOCOLAT

4 PORTIONEN
25 MIN. ZUBEREITUNG
CA. 3 STD. KÜHLEN
270 KCAL (PORTION)

1

100 g dunkle Kuvertüre

über Wasserbad schmelzen

Die Kuvertüre in eine (Edelstahl-)Schüssel geben, zerkleinern und über einem Wasserbad schmelzen. Geschmolzene Kuvertüre vom Wasserbad nehmen und etwas abkühlen lassen.

2

2 frische Eier & 1 Eiweiß

Salz

2 EL Zucker

2 TL Vanillezucker

Die Eier trennen. Die beiden Eiweiße mit dem zusätzlichen Eiweiß, 1 Prise Salz und dem Zucker mit einem Schneebesen oder elektrischen Quirl zu steifem Schnee schlagen und im Kühlschrank zwischenlagern. Die beiden Eigelbe mit Vanillezucker schaumig rühren.

3

65 g Sahne

Die Sahne steif schlagen.

Eigelb einrühren

Eigelbschaum mit dem Schneebesen in die Kuvertüre rühren, dann die Sahne unterrühren.

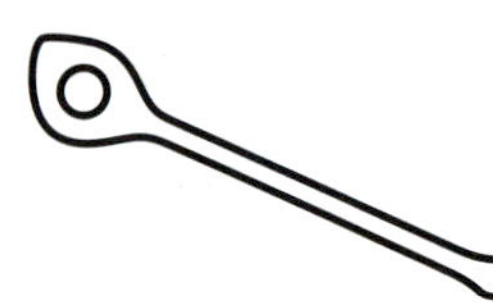

Eiweiß unterheben

Mit einem Kochlöffel den Eischnee unterheben. Nicht mit dem Schneebesen arbeiten, das würde das Volumen zerstören.

4

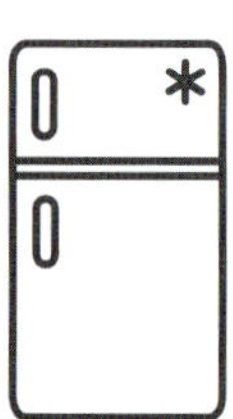

ca. 3 Std.

Mousse in eine Schüssel füllen und mit Frischhaltefolie zugedeckt in den Kühlschrank stellen. Mousse mindestens 3 Std. durchkühlen und fest werden lassen. Zum Servieren Nocken abstechen.

ZUTATEN

_ *100 g dunkle Kuvertüre*
_ *2 frische Eier*
_ *1 Eiweiß*
_ *Salz*
_ *2 EL Zucker*
_ *2 TL Vanillezucker*
_ *65 g Sahne*

DAS KREATIVLABOR

MANCHMAL MOUSSE MAN EINFACH …

MEHR AROMA REIN

MIT KOFFEIN

MIT ALKOHOL

MIT SCHARF

Schokoladenmousse kannst Du mit verschiedenen Aromen raffiniert aufpeppen. Rühr unter die geschmolzene Schokolade noch etwas starken Espresso, das schmeckt Kaffeeliebhabern. 1 Schuss Orangenlikör sorgt für eine fruchtige Komponente. Und 1 Prise Currypulver und/oder Cayennepfeffer lassen das Ganze indisch anmuten.

HERRLICH NUSSIG!

Für eine ***Nuss-Mousse*** werden 2 ***Eigelb*** mit 100 g ***Zucker*** cremig aufgeschlagen. 100 ml kochend heiße ***Milch*** unterrühren. 2 Blatt eingeweichte und ausgedrückte ***Gelatine*** einzeln dazugeben und unter Rühren auflösen. Dann 200 g steif geschlagene ***Sahne*** und 100 g gemahlene ***Haselnüsse*** unterheben. Die Mousse kühl stellen.

TOP-FORM

Damit Du später die Nocken gut abstechen kannst, füll die Mousse in die richtige Schüssel: Sie sollte nicht zu flach sein, aber auch weit genug, um pro Person zwei Nocken zu bekommen. Edelstahl oder Keramik funktionieren erfahrungsgemäß gut. Den Löffel nach jedem Stich in heißes Wasser tauchen.

SCHMACKOFATZ!

/// Das ist der reinste Flashback zum Schulranzen.

KINDHEITS-KLASSIKER: SCHOKOLADENPUDDING

Dafür 100 g ***Zartbitterschokolade*** zerstückeln. 500 ml ***Milch*** in einem Topf erhitzen und darin unter Rühren die zerstückelte Schokolade schmelzen. Weitere 250 ml Milch mit 2–3 EL ***Kakaopulver***, 1 EL ***Zucker*** und 2 EL ***Speisestärke*** in einer Schüssel verquirlen, am besten mit einem Schneebesen. Diese Mischung dann in die heiße Schokoladenmilch rühren und aufkochen, dabei immer gut rühren. Nach kurzer Zeit wird die Masse dickflüssig. Die Schoko-Mischung noch heiß in vier Portionsschälchen füllen und zunächst bei Zimmertemperatur etwas abkühlen lassen. Nun den Schokoladenpudding warm genießen oder bis zum Servieren im Kühlschrank durchkühlen lassen.

MOUSSE MAL ANDERS

Das Prinzip der Mousse kann auch auf andere Grundzutaten ausgeweitet werden, es ist nicht auf Schokolade beschränkt. Für eine **Zitronenmousse** die Schale von 2 ***Bio-Zitronen*** abreiben und den Saft auspressen. Beides mit 120 g ***Zucker*** und 100 ml ***Weißwein*** aufkochen, dann 3 Blatt in Wasser eingeweichte und ausgedrückte ***Gelatine*** unter Rühren darin auflösen. Mit 50 g gehacktem ***Rohmarzipan***, 100 g ***Joghurt*** und 100 g geschlagener ***Sahne*** bekommt die Masse dann Volumen.

DAS PRINZIP

PANNA COTTA

/// So werden Milch und Sahne mit Gelatine oder Eiern zu traumhaft zarten Cremes.

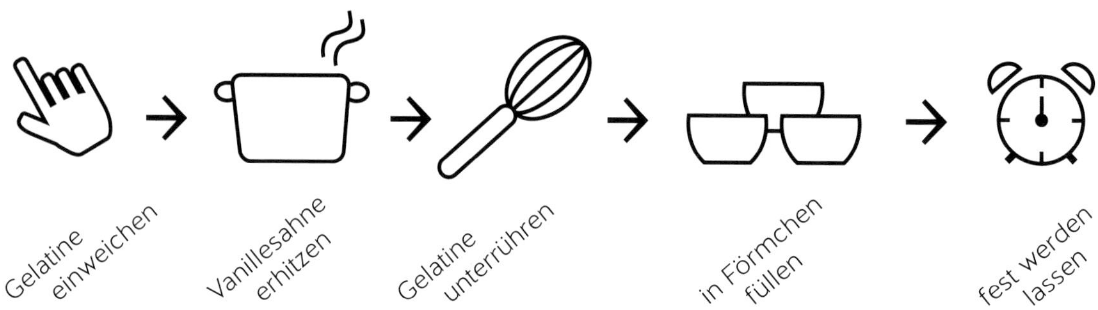

DER PROTOTYP PANNA COTTA: Die »gekochte Sahne«, wie »Panna cotta« auf Deutsch heißt, gehört zu den großen Dessert-Klassikern aus Italien. Sie lässt sich wunderbar vorbereiten und mit allerlei Saucen, Kompott oder Früchten kombinieren. Grenzenlos gut!

PANNA COTTA DARF NICHT STARK KOCHEN! Vielmehr wird die Sahne erhitzt, bis sich der Zucker gelöst hat, und köchelt dann bei sanfter Temperatur weiter. Zu starke Hitze kann sie »grisselig« machen oder gerinnen lassen. Die Förmchen erst mit kaltem Wasser ausspülen, bevor die Sahnemischung eingefüllt wird. Panna cotta zunächst bei Zimmertemperatur abkühlen, dann im Kühlschrank durchkühlen und fest werden lassen. Zum Servieren die Förmchen in heißes Wasser tauchen und die Panna cotta an den Rändern mit einem kleinen, dünnen Messer etwas lösen. So lässt sie sich leichter auf Teller stürzen.

IN DER HAUPTROLLE:

Sahne ist im Grundrezept die Hauptzutat, kann aber mit Ricotta, Mascarpone, Milch, saurer Sahne oder Joghurt gemischt oder durch diese ersetzt werden. Die Gelatineblätter ca. 10 Min. in kaltem Wasser einweichen, dabei sollten sie möglichst nicht zusammenkleben. Die Blätter einzeln herausnehmen, ausdrücken und nacheinander unterrühren. Für vegane Mousse statt tierischer Milchprodukte Kokosmilch, Sojasahne oder Mandelmilch nehmen und statt Gelatine ein pflanzliches Bindemittel (siehe Seite 305).

NOBLE BLÄSSE – UND DANN AUCH NOCH ZART IM GESCHMACK

DER PROTOTYP
PANNA COTTA

4 PORTIONEN
30 MIN. ZUBEREITUNG
4–5 STD. KÜHLEN
270 KCAL (PORTION)

1

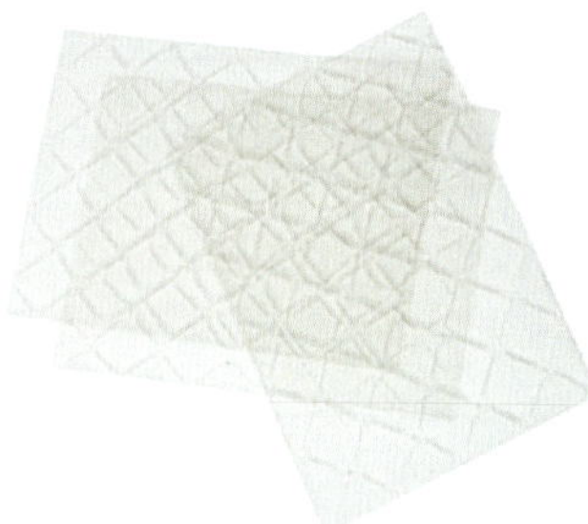

4 Blatt Gelatine mit kaltem Wasser übergießen und ca. 10 Min. einweichen lassen.

400 g Sahne in einem kleinen Topf aufkochen.

2

1 kleine Vanilleschote

1 EL Zucker

Die Vanilleschote längs aufschneiden, das Mark herauskratzen und mit der Schote zur Sahne in den Topf geben. Den Zucker einrühren und alles bei schwacher Hitze 15 Min. offen köcheln lassen, dabei immer mal wieder umrühren.

3

Gelatine einrühren

Dann den Topf vom Herd nehmen und die Vanilleschote aus der Sahne fischen. Die Gelatine Blatt für Blatt leicht ausdrücken und in der Sahne unter Rühren auflösen. Etwas abkühlen lassen.

4

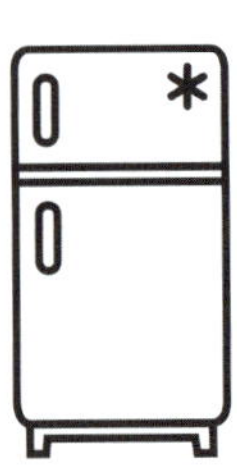

4–5 Std.

Vier Förmchen (mit ca. 100 ml Inhalt) mit kaltem Wasser ausspülen und die flüssige Sahnemischung hineinfüllen. Panna cotta mit Frischhaltefolie bedeckt im Kühlschrank in 4–5 Std. fest werden lassen. Die Panna cotta auf Teller stürzen und beispielsweise mit Früchten oder Fruchtsaucen (siehe Seite 304) servieren.

ZUTATEN

- _ 4 Blatt Gelatine
- _ 400 g Sahne
- _ 1 kleine Vanilleschote
- _ 1 EL Zucker

DAS KREATIVLABOR
LECKERMÄULER VOR!

FRUCHT + ZUCKER + SÄURE = **SAUCE**

Fruchtige Saucen sind meist nicht weit, wenn eine Panna cotta auf dem Tisch steht. So simpel werden sie gemacht: Einfach Erdbeeren (oder Himbeeren oder entsteinte Kirschen oder Mango oder ...) in ein hohes Gefäß geben, pürieren (evtl. etwas Wasser dazugeben) und die Sauce mit Puderzucker und Zitronen- oder Limettensaft abschmecken – fertig!

>>

TRAU DICH

PANNA COTTA
+++ GEHT AUCH SALZIG!

Das Prinzip bleibt gleich, aber statt Zucker beispielsweise Salz, Pfeffer und Knoblauch mit der Gelatine zur Sahne geben. Der pikante Geschmack kann außerdem durch Zutaten wie Kräuter, Zitrone, Ziegenfrischkäse oder Gemüse intensiviert werden. Die heiße Masse pürieren und durch ein feines Sieb in eine Schüssel gießen, dann in die Förmchen füllen und abkühlen lassen. Eine tolle Vorspeise!

LE DESSERT CLASSIQUE

/// Ohne Gelatine: Hier sorgen Eier für cremige Konsistenz.

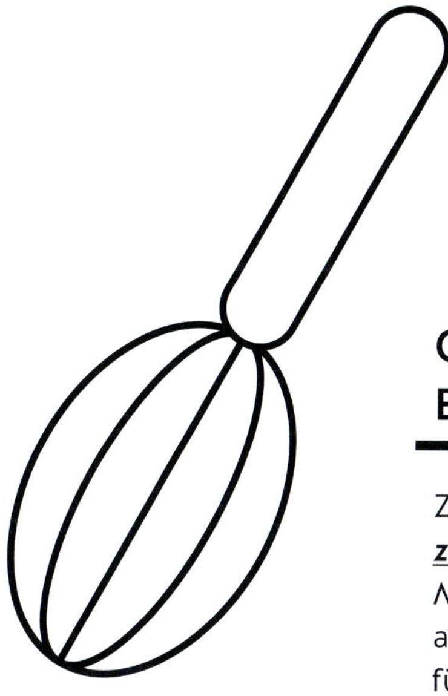

CRÈME BRÛLÉE

Zunächst 5 ***Eigelb*** mit 70 g ***Zucker***, 1 EL ***Vanillezucker*** und 1 Prise ***Salz*** verrühren, dann eine Mischung aus 100 ml ***Milch*** und 300 ml ***Sahne*** angießen. Diese Masse in ofenfeste Förmchen füllen und diese in eine Auflaufform stellen. Heißes Wasser bis 2 cm unter den Rand der Förmchen angießen. Die Eiermischung in den Förmchen im vorgeheizten Backofen bei 140° stocken lassen. Das dauert 60–70 Min. Förmchen aus dem Ofen nehmen, die Crèmes abkühlen und im Kühlschrank durchkühlen lassen. Vor dem Servieren die Oberfläche karamellisieren: Crème dünn mit ***braunem Zucker*** bestreuen und mit einem Gas-Bunsenbrenner oder unter dem Backofengrill abflammen.

FÜR VEGETARIER
ERSATZ FÜR GELATINE

Gelatine ist ein tierisches Produkt, wird aus Knorpeln und Knochen hergestellt. Für Vegetarier und Veganer gibt es zum Glück gute Alternativen, etwa **Agar-Agar**, das aus den Zellwänden bestimmter Algenarten gewonnen wird. Agar-Agar muss zunächst mitkochen und wird erst nach dem Abkühlen fest. Außerdem bietet sich **Pektin** an, produziert aus den Schalen von Äpfeln oder Zitrusfrüchten und Zuckerrübenschnitzen. Du kannst es als Pulver und in flüssiger Form kaufen. Und **Johannisbrotkernmehl** aus den Hülsenfrüchten des Johannisbrotbaumes kann Mehl, Stärke oder Ei als glutenfreies Bindemittel ersetzen.

DAS PRINZIP
EISCREME

/// Sahnige Eiscreme selbst zubereiten – mit ein bisschen Handarbeit klappt das auch ohne Maschine ganz wunderbar!

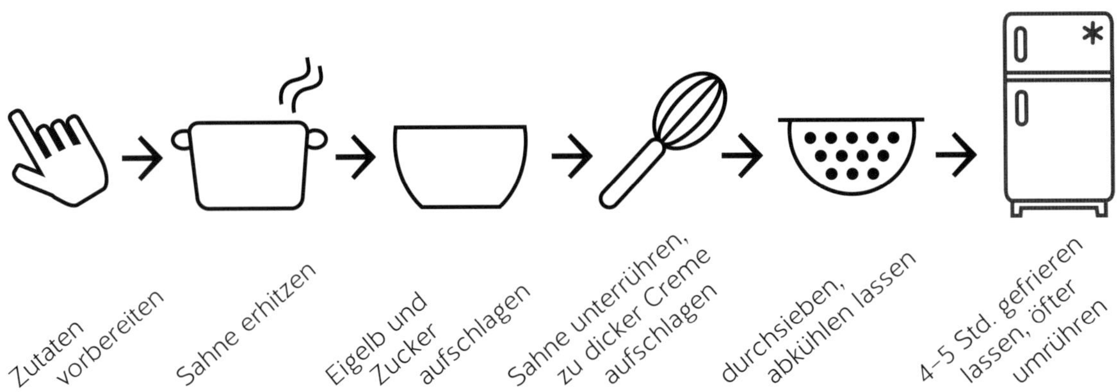

DER PROTOTYP VANILLE-SAHNEEIS: Der coole Klassiker, den alle lieben! Alles andere ist fancy, Vanille-Sahneeis basic! Und hier zeigen wir, wie Du es cremig und zart hinbekommst – wie aus der Gelateria.

RÜHREN, RÜHREN, RÜHREN! Das ist extrem wichtig, besonders bei der Eis-Herstellung ohne Maschine. Der Zucker muss sich im Eigelb völlig aufgelöst haben, damit sich alles zu einer homogenen Masse verbindet und sich das Eigelb später beim Gefrieren nicht am Boden absetzt. Auch während des Gefrier-Prozesses sollte das Eis mehrmals kräftig durchgerührt werden, z. B. mit einem Pürierstab. So können sich keine Kristalle bilden, und das Eis wird schön cremig. Am besten das Eis ca. 30 Min. vor dem Servieren aus dem Tiefkühler nehmen und im Kühlschrank antauen lassen. So lässt es sich besser portionieren.

IN DER HAUPTROLLE:

Sahne, Eigelb, Zucker. Beste Ergebnisse lassen sich mit Konditorsahne oder »Sahne extra« erzielen. Ihr Fettgehalt liegt bei 40 Prozent. Die Eigelbe sollten von frischen Eiern sein, denn sie werden für Eiscreme zwar erhitzt, aber dürfen nicht kochen. Statt normalem Haushaltszucker feinen Puderzucker verwenden. Er löst sich besser auf. Einmal aufgetautes Eis darf nicht wieder eingefroren werden. Unerwünschte Bakterien vermehren sich an der Luft sehr schnell, und auch die Kristallisierung ist eine andere als vorher.

VANILLEEIS GEHT IMMER!

DER PROTOTYP
VANILLE-SAHNEEIS

4 PORTIONEN
25 MIN. ZUBEREITUNG
4-5 STD. KÜHLEN
330 KCAL (PORTION)

1

500 g Sahne in einem Topf aufkochen.

1 Vanilleschote längs aufschneiden, das Mark herauskratzen und mit der Schote zur Sahne in den Topf geben. Sahne bei schwacher Hitze weiterköcheln lassen.

2

5 frische Eigelb

100 g Puderzucker

Eigelb verrühren

Inzwischen die Eigelbe und den Puderzucker mit einem Schneebesen oder elektrischen Quirl cremig aufschlagen, bis sich der Zucker völlig aufgelöst hat. Dann die Vanilleschote aus der kochenden Sahne fischen und die Sahne nach und nach unter die Eigelbmasse rühren.

3

Alles zurück in den Topf schütten und bei schwacher bis mittlerer Hitze mit dem Schneebesen zu einer dicken Creme rühren. Die Masse darf nicht mehr aufkochen, da sonst das Eigelb gerinnt.

4

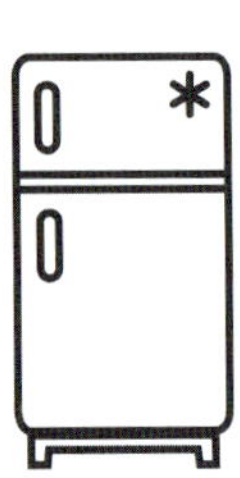

4–5 Std.

Die Vanillecreme dann durch ein Sieb in eine Schüssel oder Gefrierdose füllen und mit Frischhaltefolie direkt bedecken – so entsteht keine Haut. Die Masse erst bei Zimmertemperatur abkühlen, dann im Tiefkühlgerät in 4–5 Std. gefrieren lassen, dabei das Vanille-Sahneeis immer wieder mit dem Pürierstab oder dem Schneebesen umrühren.

ZUTATEN

_ *500 g Sahne*
_ *1 Vanilleschote*
_ *5 frische Eigelb*
_ *100 g Puderzucker*

309

DAS KREATIVLABOR
LAUTER COOLE IDEEN

OBENDRAUF

KARAMELL-TOPPING

SCHOKO-TOPPING

FRUCHT-TOPPING

Veredel Dein Eis mit leckeren Toppings, z. B. mit Karamell- oder Schokosauce. Ein Rezept für Fruchtsauce findest Du auf Seite 304. Oder übers Eis schokoladige Streusel oder solche aus buntem Zuckerwerk streuen – oder grob gehackte Nüsse nach Herzenslust. Frische oder getrocknete Früchte (in Würfelchen geschnitten), Joghurt-Chips oder gehackte Gummibärchen gehen auch. Es wurden selbst schon Kräuter wie Basilikum oder Minze gesichtet.

ALLES EINE STIELFRAGE

Für **Eis am Stiel** gibt's Formen mit Griff, meist aus Kunststoff. Du lässt die Eismasse einlaufen und stellst die Formen dann ins Eisfach. Du kannst auch eigene geeignete Formen (z. B. kleine Joghurtbecher) nutzen oder basteln (z. B. aus dickem, gewachstem Papier) und Holzstäbchen in die leicht angefrorene Masse stecken.

FRECH!

Experimentierfreudige füllen ihre Eismasse vor dem Gefrieren in Auflauf- oder Souffléformen, in Gugelhupfformen oder auch in ausgehöhlte Früchte. Aber auch hier muss natürlich durchgerührt werden. Am besten alle 30 Min., und zwar vorsichtig mit einer Gabel.

EISKALT!

/// Schnell und einfach wird Eis mit einer motorstarken Küchenmaschine gemacht.

BLITZEIS AUS DER KÜCHENMASCHINE

Dafür ***Sahne*** und ***Joghurt*** zu gleichen Teilen gefrieren lassen, dann beides mit einem großen Messer in Stücke schneiden. Die werden zusammen mit ***TK-Beeren*** und ***Puderzucker*** nach Geschmack auf höchster Leistungsstufe in der Küchenmaschine zerkleinert – schon nach wenigen Sekunden hast Du ein köstliches Beereneis! Sollte die Masse beim Pürieren zu fest werden, einfach etwas kühlschrankkalte Sahne oder Joghurt einlaufen lassen.

KLEINE ERFRISCHUNG ODER KÜHLER KICK

Für ein einfaches **Fruchtsorbet** Früchte mit Zitronensaft und Puderzucker pürieren. Die Masse bei Bedarf durch ein Sieb streichen und gefrieren lassen, dabei manchmal umrühren. Gut geeignet sind Pfirsiche oder Erdbeeren und alles, was eben gerade Saison hat. Vor dem Gefrieren Eischnee unterheben! Das macht das Sorbet noch fluffiger. Sorbets schmecken übrigens auch als erfrischender Zwischengang in einem Menü. Danach geht wieder mehr rein.

DAS PRINZIP SIRUP

/// Fruchtsaft in der eigenen Küche zu süßem Sirup einkochen – natürlich ohne Konservierungsstoffe und künstliche Aromen!

DER PROTOTYP GRANATAPFELSIRUP: Der ungewöhnliche Sirup aus der Trendfrucht Granatapfel ist ganz einfach zu machen. Wie alle Sirups ist er perfekt geeignet zum Süßen von Desserts, zum Abschmecken von Saucen oder zum Mixen von raffinierten Cocktails.

SAFT FRISCH AUSPRESSEN. Granatäpfel dazu in der Mitte durchschneiden und auf der Zitruspresse auspressen. Dabei aufpassen: Denn der tiefrote Saft färbt sehr und hinterlässt bleibende Flecken. Zitronen und Orangen vor dem Auspressen mit den Handballen kräftig auf der Arbeitsplatte rollen – so werden die Zellwände zerstört und die Saftausbeute ist größer. Den Saft dann durch ein Sieb in einen Topf gießen, um Fruchtfleisch und eventuelle Kerne herauszufiltern. Sie können den Sirup trüb werden lassen. Die Flaschen immer erst mit kochend heißem Wasser ausspülen, bevor der Sirup eingefüllt wird.

IN DER HAUPTROLLE:

Bei unserem Prototyp Granatäpfel, Orangen und Zitronen. Sie sollten richtig saftig und ausgereift sein – in den ersten Monaten des Jahres ist die beste Zeit für Saftorangen. Auch gute Granatäpfel findest Du im Winter im Obstregal. Und Zitronen gibt es ja sowieso rund ums Jahr. Generell kann der Saft aus fast allen Früchten zu Sirup eingekocht werden. Durch seinen hohen Zuckergehalt ist Sirup in der Regel lange haltbar. Im Kühlschrank aufbewahrt, verliert er zwar mit der Zeit an Aroma, wird aber nicht schlecht.

ES SIND DIE LIEBESFRÜCHTE SCHLECHTHIN ...

DER PROTOTYP
GRANATAPFELSIRUP

CA. 500 ML SIRUP
45 MIN. ZUBEREITUNG
50 KCAL (PRO EL)

1

8 große Granatäpfel

4 Saftorangen

3 Zitronen

Die Granatäpfel jeweils in der Mitte durchschneiden und die Hälften auf der Zitruspresse auspressen. Die Saftorangen und die Zitronen ebenfalls halbieren und auspressen.

2

400 g Zucker

3 Sternanis

1–2 Gewürznelken

Den Granatapfel-, Orangen- und Zitronensaft durch ein Sieb in einen Topf gießen, um Fruchtfleisch und evtl. Kerne herauszufiltern. Den Zucker unterrühren, Sternanis und Gewürznelke(n) dazugeben.

3

20 Min.

Den gewürzten Saft aufkochen und bei starker Hitze in ca. 20 Min. zu dickflüssigem Sirup einkochen lassen, dabei mit einem Löffel den Schaum abschöpfen. Sternanis und Nelke(n) aus dem fertigen Sirup fischen, den Sirup dann durch einen Trichter in heiß ausgespülte Flaschen mit Schraub- oder Bügelverschluss füllen.

ZUTATEN

- _8 große Granatäpfel_
- _4 Saftorangen_
- _3 Zitronen_
- _400 g Zucker_
- _3 Sternanis_
- _1–2 Gewürznelken_

DAS KREATIVLABOR
LIQUID HAPPINESS

SÜSSE KRÖNUNG

IM COCKTAIL

ÜBER EIS

IN DUNKLER SAUCE

Sirupe könnten Vielseitigkeitspreise einheimsen, denn sie lassen sich in unterschiedlichsten Bereichen einsetzen: Überall dort etwa, wo Süße gefragt, aber reiner Zucker nicht gewollt ist, also bei **Desserts**. Oder um **Sahneeis** fruchtig zu toppen. Oder um Alkohol zu kaschieren, wie bei **Cocktails**. Oder um Fruchtaroma zu bringen, wie bei dunklen **Bratensaucen**.

DER EWIGE KLASSIKER

Für **Himbeersirup** 500 g frische ***Himbeeren*** mit 100 g ***Zucker*** pürieren, aufkochen, 3–4 Min. sanft köcheln lassen, dann durch ein feines Sieb abgießen. Um Sirup haltbar zu machen, brauchst Du auf 500 g ***Himbeeren*** 200 g ***Zucker***, 200 ml ***Wasser*** und zusätzlich 10 g ***Ascorbinsäure***, die beim Aufkochen dazugegeben wird.

FEST-LICH

Eine winterliche Freude ist ein **Bratapfelsirup**. Der wird zwar nicht aus Bratäpfeln gemacht, fängt aber das Aroma gut auf. Für den Sirup werden 500 ml ***Apfelsaft***, 300 g brauner ***Zucker***, 3 EL ***Zitronensaft*** und 2 ***Zimtstangen*** mit ***Vanillemark*** und ***-schote*** wie beim Prototyp zu dickflüssigem Sirup eingeköchelt. Ein paar Tropfen ***Bittermandelaroma*** und 1 kleiner Schuss ***Apfelbrand*** sind der Clou am Ende.

SELBST GEPFLÜCKT! *// Holunderblüten musst Du beim Spaziergang pflücken, kaufen kann man sie nur selten.*

FÜR HUGO: HOLUNDERBLÜTENSIRUP

Holunder blüht bei uns im Mai und Juni. Für den Sirup wird je 1 in Scheiben geschnittene ***Orange*** und ***Zitrone*** mit 1 kg ***Zucker***, 1 l ***Wasser*** sowie 25 g ***Zitronensäure*** aufgekocht. Die Flüssigkeit wie beschrieben zu Sirup einköcheln lassen. Nun die ungewaschenen, nur leicht ausgeschüttelten ***Holunderblüten*** (25–30 Stück) mit Stängeln in ein großes Einmachglas geben und mit dem Sirup übergießen. Alles im Glas zugedeckt einige Tage durchziehen lassen, dabei ab und zu umrühren. Dann den Sirup durch ein mit einem Mulltuch ausgelegten Sieb in einen Topf abgießen. Flüssigkeit erneut aufkochen, dann heiß in eine Flasche füllen.

AROMENSPENDER: ORANGEN-INGWER-SIRUP

Für ca. 750 ml Sirup von 3 kg großen ***Bio-Orangen*** die Schale abreiben. Die Früchte halbieren und den Saft auspressen. 2 ***Zitronen*** auspressen. 1 walnussgroßes Stück ***Ingwer*** schälen und in dünne Scheiben schneiden. Orangen- und Zitronensaft mit Ingwer, Orangenschale, 400 g ***Zucker*** und 6 ***Kardamomkapseln*** aufkochen und zu dickflüssigem Sirup einköcheln lassen. Das kann 30–60 Min. dauern. Sirup wie beschrieben abgießen und in eine Flasche füllen.

DAS PRINZIP MUFFIN

/// Schnell mal einen kleinen Kuchen zusammenrühren – auch für Backmuffel kein Problem!

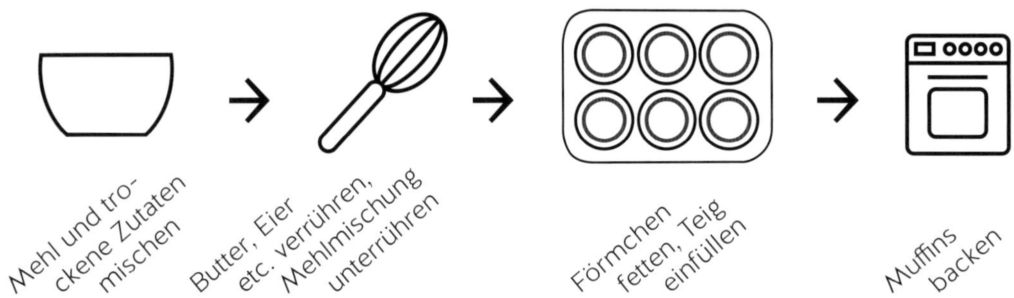

DER PROTOTYP SCHOKOMUFFINS: Kuchen können wahre Kunstwerke und aufwendig in der Herstellung sein. Oder aber wie unsere Schokomuffins rasch zubereitet werden mit einfachen Zutaten aus dem Vorrat – sehr lecker als Dessert oder zum Einfach-so-vernaschen!

DAS MUFFIN-PRINZIP: Trockene und feuchte Zutaten getrennt mischen, dann rasch verrühren. Den angerührten Teig nicht lange ruhen lassen, sondern sofort in die gefetteten Förmchen füllen und im heißen Ofen backen. Ganz wichtig: Den Ofen rechtzeitig vorheizen, auch wenn Du mit Umluft backen willst. Die Temperatur muss von Anfang an hoch sein, sonst gehen die Muffins nicht auf. Wer sich das Einfetten sparen will, stellt Papierbackförmchen in die einzelnen Vertiefungen des Muffinblechs und füllt den Teig dann einfach da rein. Silikonformen müssen ebenfalls nicht eingefettet werden.

IN DER HAUPTROLLE:

Mehl, Eier, Zucker, Butter. Idealerweise haben alle Zutaten ungefähr die gleiche Temperatur, dann verbinden sie sich einfach besser. Deshalb ist es sinnvoll, Eier und Butter schon 1 Std. zuvor aus dem Kühlschrank zu holen. Und auch wirklich »richtige« Butter zu verwenden, keine Light-Version. Hier ist der Wasseranteil deutlich höher, worunter am Ende die Konsistenz der Muffins leidet. Und nimm keine Margarine, die Muffins schmecken damit nicht so gut. Verwende hochwertige Zartbitterschokolade.

DER PROTOTYP SCHOKOMUFFINS

12 MUFFINS
30 MIN. ZUBEREITUNG
15 MIN. BACKEN
225 KCAL (STÜCK)

1

Den **Backofen auf 180°** vorheizen. Die Vertiefungen eines Muffinblechs mit Papierbackförmchen auslegen oder mit Butter bestreichen.

2

100 g Zartbitterschokolade mit einem großen Messer sehr fein hacken.

200 g Weizenmehl, 2 TL Backpulver und **100 g Zucker** in einer Schüssel vermischen. Schokolade untermischen.

3

125 g zimmerwarme Butter

2 Eier

Butter und Eier mit einem Schneebesen oder elektrischen Quirl glatt rühren. Die Mehl-Schokolade-Mischung schnell unterrühren.

4

15 Min.

Den Teig einfüllen. Die Muffins im heißen Ofen ca. 15 Min. backen. Dann aus dem Ofen nehmen und noch ca. 5 Min. ruhen lassen.

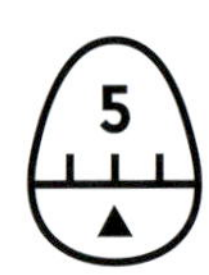

5 Min.

ZUTATEN

- 100 g Zartbitterschokolade
- 200 g Weizenmehl
- 2 TL Backpulver
- 100 g Zucker
- 125 g zimmerwarme Butter (+ evtl. Butter für die Förmchen)
- 2 Eier

DAS KREATIVLABOR
MUFFINS GEGEN MUFFELIGKEIT

GROSSE AUSWAHL

MIT RHABARBER

MIT MOHN

MIT BUTTERMILCH

Es findet sich keine Ausrede! Muffins kannst du mit so gut wie allem machen, was gerade da ist: mit Beeren, Äpfeln, Nüssen, Rhabarber, Kürbis, Möhren, einer Spinat-Ricotta-Mischung, mit Brokkoli oder Smarties, als Schwarzwälder Kirsch, als Erdbeer-Käsekuchen, mit weißer oder extrem dunkler Schokolade, mit Rotwein oder, wenn's sein muss, Eierlikör. Bei herzhaften Rezepten den Zucker natürlich weglassen.

SCHÖN & PRAKTISCH

Bis jemand auf die Idee mit den Papiereinlagen kam, mussten Metallformen immer umständlich eingefettet werden. Wenn Du übrigens 2–3 Papierförmchen ineinander stellst, ist das so stabil, dass Du nicht einmal mehr eine Metall-Muffinform brauchst. Papierförmchen gibt es in vielen Farben. Bei Silikonformen kannst Du aufs Einfetten ebenfalls verzichten.

SUPER SIZE

Schlicht und einfach zauberst Du aus dem Schokomuffin-Teig auch einen kleinen **Rührkuchen mit Schokosplitter.** Dafür den Teig wie beim Prototyp beschrieben zubereiten, in eine kleine Kuchenform gießen und im vorgeheizten Backofen bei 175° 50–60 Min. backen. Für eine kleine Form reicht die Zutatenmenge der Schoko-Muffins, für eine größere Form solltest Du die Menge verdoppeln.

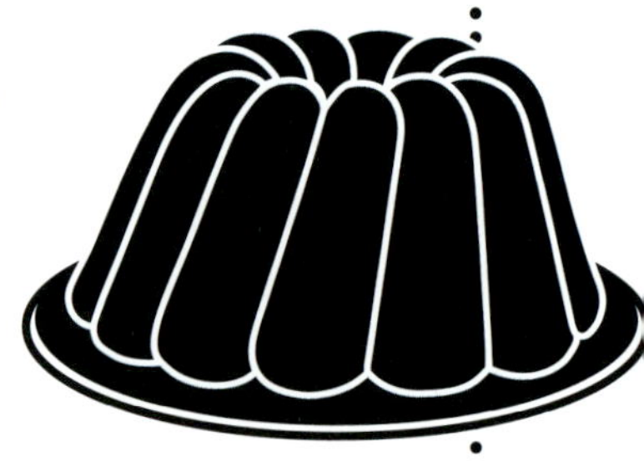

KLEINE KUNSTWERKE!

/// *Cupcakes sind Muffins, die fantasievoll mit Buttercreme oder einem Guss verziert werden.*

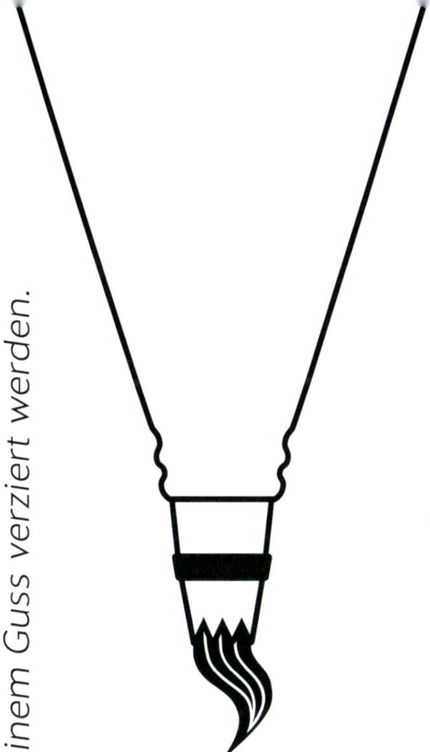

JEDER MUFFIN KANN EIN CUPCAKE WERDEN

Für Cupcakes zuerst aus 50 g ***Butter***, 130 g ***Zucker***, 1 Pck. ***Vanillezucker***, 2 ***Eiern***, 200 g ***Mehl***, 1 TL ***Backpulver***, ***Salz*** und 150 ml ***Milch*** einen Teig rühren, in Muffinförmchen geben und wie beim Prototyp beschrieben backen. Du kannst auch die Schokomuffins als Basis nehmen. Bei den Cupcakes ist nicht der Teig, sondern die Deko interessant. Hier kannst Du Dich austoben! Für ein Buttercremetopping mische weiche ***Butter*** und ***Frischkäse*** zu gleichen Teilen. Diese Masse dann mit pürierten ***Früchten***, ***Puddingpulver*** oder auch etwas ***Lebensmittelfarbe*** färben und aromatisieren, mit ***Zucker*** nach Geschmack süßen und mit einem Spritzbeutel auf die Cupcakes geben. ***Beeren***, ***Streusel*** aller Art oder ***Zuckergarniermasse*** geben den letzten Schliff.

NICHT NUR FÜR **KINDERGEBURTSTAGE**

Für **Zitronenmuffins** 150 g ***Zucker*** mit 1 ***Ei***, 1 Pck. ***Vanillezucker***, 70 ml ***Sonnenblumenöl*** und 250 ml ***Milch*** mischen, 250 g ***Mehl***, 1 Pck. ***Backpulver*** und 1 Prise ***Salz*** unterheben. Von 2 ***Bio-Zitronen*** die Schale abreiben oder mit dem Zestenschneider abziehen, hacken und unter die Teigmasse mischen. Den Teig in Förmchen füllen und bei 200° im vorgeheizten Backofen ca. 25 Min. backen.

ERLEUCHTUNG DURCH KOCHEN

E SSE N IST FE RTI G

(ABER SOWAS VON...)

UND DAS
LEBEN IST
DOCH EIN
PONYHOF
100% MADE BY ME!! 300% KREATIV!!!

HAPPY END!

GESCHAFFT: DEIN KOCH-OSCAR IST DIR GEWISS

Na, was sagste jetzt? Klar hat es sicher manchmal Überwindung gekostet, doch dann hast Du gemerkt, dass wir nicht übertrieben haben – Du kannst jetzt kochen! Und es ist ein gutes Gefühl, in der Küche nicht immer nur auf andere oder auf die Mikrowelle angewiesen zu sein. Keep on cooking!!!

→ ☺

>>> UND OMA WÄRE SO STOLZ AUF DICH

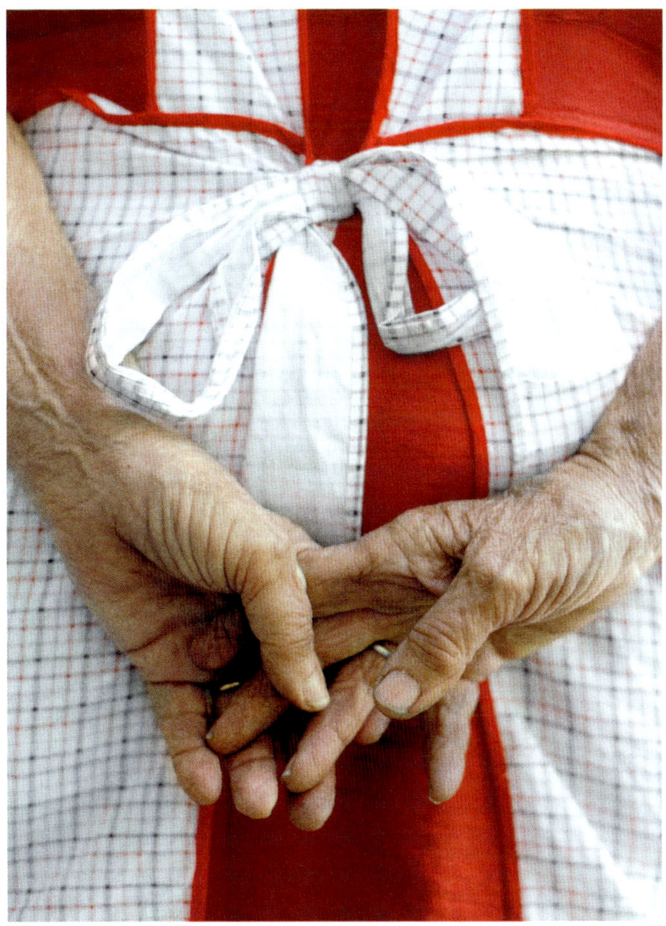

AL NOCH ME PAS LAS

LES
MAL
NUE
SIEREN
SEN

REGISTER

REGISTER

BILDNACHWEIS

Alle Fotos von Nicky Walsh – außer folgende Motive:
Cover: Getty Images: Digital Vision/ Emma Innocenti

S. 6 oben: Claudia Fillmann
S. 336: Autorenportrait (privat)

Bender, Uwe (S. 126 unten, S. 232 unten, S. 316 oben Mitte)
Bischof, Harry (S. 299 oben)
Bleschke, Stefan (S. 259 unten)
Bonisolli, Barbara (S. 107 unten)
Einwanger, Klaus-Maria (S. 31 unten, S. 207 unten, S. 285 oben)
Grossmann-Schuerle (S. 25 oben)
Grundmann, Bernd (S. 265 oben)
Hoersch, Julia (S. 69 unten, S. 198 unten, S. 233 unten)
Jansen, Margarete (S. 206 unten)
Knezevic, Silvio (S. 69 oben, S. 89 unten, S. 94 rechts)
Kramp + Gölling (S. 113 oben, S. 153 unten, S. 299 unten)
Lang, Coco (S. 147 unten, S. 278 unten)
Liebenstein, Jana (S. 51 unten, S. 75 unten, S. 199 oben, S. 317 unten)
Peters, Janne (S. 224 unten)
Rogge & Jankovic (S. 291 unten)
Rynio, Jörn (S. 19 unten, S. 25 unten,
S. 88 unten, S. 95 (2), S. 101 oben, S. 121 unten, S. 167 unten, S. 179 unten, S. 225 unten, S. 251 unten, S. 316 oben links und rechts)
Schardt, Wolfgang (S. 133 unten, S. 146 unten, S. 166 unten, S. 239 unten)
Stich, Nicole (S. 63 unten)
Suedfels, Thorsten (S. 82 unten, S. 127 oben)
Teubner, Christian (S. 121 oben, S. 290 unten)
Urban, Martina (S. 323 unten)
Walter, Axel (S. 207 oben, S. 311 unten)
Westermann, Jan-Peter (S. 74 rechts)
Agentur iStock
Vorsatz/Nachsatz, S. 3, 8, 76, 154, 155, 252, 324, 328, 329, 330
Agentur Stocksy
S. 38, 114, 134, 135, 200, 272, 326

ABER AM LIEBSTEN KOCHE ICH JETZT GANZ OHNE REZEPT

IMPRESSUM

LIEBE LESERINNEN UND LESER,

wir wollen Ihnen mit diesem Buch Informationen und Anregungen geben, um Ihnen das Leben zu erleichtern oder Sie zu inspirieren, Neues auszuprobieren. Wir achten bei der Erstellung unserer Bücher auf Aktualität und stellen höchste Ansprüche an Inhalt und Gestaltung. Alle Anleitungen und Rezepte werden von unseren Autoren, jeweils Experten auf ihren Gebieten, gewissenhaft erstellt und von unseren Redakteur*innen mit größter Sorgfalt ausgewählt und geprüft.

Haben wir Ihre Erwartungen erfüllt? Sind Sie mit diesem Buch und seinen Inhalten zufrieden? Wir freuen uns auf Ihre Rückmeldung. Und wir freuen uns, wenn Sie diesen Titel weiterempfehlen, in Ihrem Freundeskreis oder bei Ihrem Online-Kauf.

Sollten wir Ihre Erwartungen so gar nicht erfüllt haben, tauschen wir Ihnen Ihr Buch jederzeit gegen ein gleichwertiges zum gleichen oder ähnlichen Thema um.

KONTAKT ZUM LESERSERVICE

GRÄFE UND UNZER VERLAG
Grillparzerstraße 8
81675 München
www.gu.de

www.gu.de/kontakt | hallo@gu.de

ISBN 978-3-8338-8492-4
5. Auflage 2026

Idee und Konzept:
Claudia Fillmann, Susanne Kollberg, Anke Meierhenrich, Alessandra Redies, Sabine Sälzer
Projektleitung: Alessandra Redies, Sabine Sälzer
Lektorat: Susanne Bodensteiner
Korrektorat: Petra Bachmann
Layout und Typografie:
Claudia Fillmann
Umschlaggestaltung: ki36 Editorial Design, München, Sabine Krohberger
Icons: Claudia Fillmann, Marion Feldmann
Fotoproduktion: Nicola Walsh, Berlin
Foodstyling: Max Faber
Styling und Foodstyling: Audrey Cosson
Herstellung: Susanne Fuhrmann
Satz: Marion Feldmann
Reproduktion: Longo AG, Bozen
Druck: aprinta GmbH, Wemding
Bindung: Conzella, Pfarrkirchen

Bildnachweis: siehe Seite 334

Die GU-Homepage finden Sie unter www.gu.de

Syndication:
www.imageprofessionals.com

DER AUTOR

Matthias Mangold, freier Foodjournalist und FEC-Mitglied, betreibt seit Jahren seine eigene erfolgreiche Kochschule »genusstur«. In seinen Kursen hat er den Ehrgeiz, seinen Teilnehmern ganz individuelle Wege ins Abenteuer „Kochen" aufzuzeigen. In diesem Buch öffnet er seine kenntnisreiche Schatzkiste der Tipps, Tricks, Ideen und Rezepte – für Einsteiger und für Fortgeschrittene. www.genusstur.de

DIE FOTOGRAFIN

Nach 10 Jahren Fotografentätigkeit in London zog die englische Fotografin **Nicola Walsh** 2011 nach Berlin. Auf Food spezialisiert arbeitet sie redaktionell und für Werbung.
www.nickywalsh.eu
Mit dabei im Team bei der Produktion dieses Buches:
Der Foodstylist **Max Faber,** die Stylistin und Foodstylistin **Audrey Cosson.**